Konjunktur und Krise

AKADEMIE-VERLAG · BERLIN

WISSENSCHAFTLICHES
BULLETIN
DES INSTITUTS FÜR
WIRTSCHAFTSWISSENSCHAFTEN
BEI DER
DEUTSCHEN AKADEMIE
DER WISSENSCHAFTEN
ZU BERLIN

HEFT
4
1964
8. JAHRGANG

THEORIA CUM PRAXI

INHALT

Redaktionsschluß: 30. 9. 1964

Herausgeber: Institut für Wirtschaftswissenschaften bei der Deutschen Akademie der Wissenschaften zu Berlin

Anschrift der Redaktion: 108 Berlin 8, Leipziger Straße 3

Verantwortlich für den Inhalt: Prof. Dr. J. L. SCHMIDT, 108 Berlin 8, Leipziger Str. 3. Verlag: Akademie-Verlag GmbH, 108 Berlin 8, Leipziger Str. 3—4, Fernruf 22 04 41, Telex-Nr. 01 17 73, Postscheckkonto: Berlin 350 21. Die Zeitschrift erscheint vierteljährlich. Bezugspreis eines Heftes MDN 4,—. Veröffentlicht unter der Lizenznummer 1338 des Presseamtes beim Vorsitzenden des Ministerrates der Deutschen Demokratischen Republik. Bestellnummer dieses Heftes: 1059/8/4. Gesamtherstellung: VEB Druckerei „Thomas Müntzer" Bad Langensalza.

Konjunktur und Krise

Wissenschaftliches Bulletin des Instituts für Wirtschaftswissenschaften
bei der Deutschen Akademie der Wissenschaften zu Berlin

8. Jahrgang 1964 Heft 4

Zu einigen Wirkungen der Chemisierung der Volkswirtschaft auf den Reproduktionsprozeß des Kapitals

LOLA ZAHN

Die wissenschaftlich-technische Revolution in der Epoche des Übergangs vom Kapitalismus zum Kommunismus bewirkte, daß die auf der Chemie beruhende Produktion nach dem II. Weltkrieg einen erstaunlichen Aufschwung nahm und sich gegenwärtig zum Hauptindustriezweig der modernen Volkswirtschaften entwickelt. Das Vordringen der Chemie hat auch in den kapitalistischen Ländern sehr wesentlich zur Veränderung der Produktionsstruktur und der volks- und weltwirtschaftlichen Verflechtungsbeziehungen beigetragen. Was haben wir unter der Chemisierung der Volkswirtschaft zu verstehen?

Die Chemisierung der Volkswirtschaft als materiell-technische Umwälzung der Produktionsstruktur

Die Chemie und ihre technologische Anwendung in der Produktion führen der Volkswirtschaft neue Rohstoffe und neue Energieformen zu und bieten ihr neue, chemisch begründete Produktionsverfahren an, die in den verschiedensten Industriezweigen Anwendung finden können. Die Chemisierung der Volkwirtschaft führt zu einer Revolution der Rohstoffe, der Energetik und der Technologie.

Beginnen wir — uns an die historische Entwicklung haltend — mit der *Revolution der Energetik.* Die Jahrhunderte währende Vorrangstellung der Kohle als Brennstoff und als Rohstoff wird durch neue Energieträger wie Erdöl und Erdgas erschüttert. (Von der Atomenergie, deren industrielle Nutzbarmachung auf wirtschaftlicher Basis noch nicht erreicht ist, soll in diesem Zusammenhang abgesehen werden.) Das Rohöl kam zuerst als Lichtenergie (in Gestalt des Leuchtstoffes), dann durch Spaltung und Hydrierung als Kraftenergie (die „weißen" Erdölerzeugnisse Benzin und Dieselöl), später als Wärmeenergie (das „schwarze" Erdölerzeugnis Heizöl) und zu allerletzt als chemischer Rohstoff auf.

Gegenüber der Kohle hat das Öl nicht nur den Vorteil vielseitiger Nutzanwendung, sondern größerer Wirtschaftlichkeit, weil es einen höheren Nutzwirkungsgrad hat. Eine bestimmte Menge Rohöl ergibt, wenn sie zu Heizöl verarbeitet wird, rund 40% mehr Wärmeeinheiten als die gleiche Menge Steinkohle.

Die Revolution in der Energetik besteht nicht nur im Übergang zu ergiebigeren Primärenergiearten, sondern in Verbindung damit in einer zunehmenden

Verwendung von Umwandlungs- oder Veredelungsenergie, d. h. von Sekundärenergien wie von elektrischem Strom, Kokerei- und Raffineriegas usw., und sie besteht schließlich in einer wesentlichen Erhöhung des Wirkungsgrades der Umwandlung, d. h. der zunehmenden Verminderung der Umwandlungsverluste. Es versteht sich, daß chemische Wege der Umwandlung und chemische Faktoren dabei von wachsender Bedeutung sind.

Ungeahnte Perspektiven bietet die von der Chemie ausgelöste *Revolution der Rohstoffe.* Die organische Synthese auf Erdölbasis führt zu einer noch gar nicht übersehbar reichhaltigen Palette von synthetischen Rohstoffen. Es handelt sich um in der Natur nicht vorkommende, auf Grund wissenschaftlicher Forschung erzeugte Stoffe, deren Eigenschaften dem jeweiligen Verwendungszweck weitgehend angepaßt werden können, um Rohstoffe „nach Maß" aus der Retorte, die den vorgefundenen jahrtausendelang verwandten Rohstoffen der Natur überlegen sind, weil sie qualitativ hohe Ansprüche befriedigen und gewünschte Eigenschaften kombinieren. Auf diese Weise erhält die gesamte Volkswirtschaft eine veränderte, vielseitigere Rohstoffbasis.

Die Chemisierung der Volkswirtschaft besteht aber nicht zuletzt darin, daß die Chemieproduktion Verfahren und Verfahrensprinzipien entwickelt, die in anderen nichtchemisch betriebenen Produktionszweigen Eingang finden. Beispiele aus der *Revolution der Technologie* sind chemisches Fräsen, elektrolytisches Schweißen usw. An die Stelle der mechanischen Bearbeitung von Arbeitsgegenständen tritt in zunehmendem Maße die chemisch-physikalische „Verarbeitung" oder Umwandlung durch selbsttätige Naturprozesse, die vom Menschen nur zu lenken sind. Die chemische Produktion verläuft ihrem Wesen nach kontinuierlich und entwickelt daher das Prinzip der Automatik und erfordert — da sie selbsttätig und unsichtbar hinter schützenden Kessel- und Rohrleitungswänden vor sich geht — eine automatische Messung, Steuerung und Regulierung. Diese Produktionsprinzipien und die ihrer Verwirklichung dienenden Anforderungen nach speziellen Ausrüstungen (Elektronik usw.) finden — unter dem Einfluß der Chemisierung — immer mehr Eingang in andere Industriezweige.

Die Chemie liefert der gesamten Industrie neue Einsatzstoffe (Werkstoffe und Energieträger), bietet ihr neue Produktionswege und -prinzipien an und fordert umgekehrt von der übrigen Industrie neue Produktionsausrüstungen. Die chemische Produktion im weitesten Sinne bringt immer wieder neue Erzeugnisse hervor, führt zu neuen Verfahren und benötigt dazu nach Art und Größe neuartige Anlagen. Dadurch stellt sie dem Maschinen- und Apparatebau, der Elektrotechnik (Antriebe, Regulierung usw.), der Elektrizitätswirtschaft, dem Fahrzeugbau, der Metallurgie und sonstigen Gebieten der Metallverarbeitung gänzlich neue Entwicklungs- und Konstruktionsaufgaben. Denn chemische Stoffe und Verfahren stellen bisher unbekannte Anforderungen an das Konstruktionsmaterial und an die daraus gefertigten Produktions-, Transport-, Lagerungs- und Verteilungsausrüstungen (Widerstandsfähigkeit gegen extrem hohe Temperaturen und Drücke, Säurebeständigkeit, Korrosions- und Strahlenschutz usw.). Die Metallurgie erhielt von der Chemieindustrie Impulse zur Entwicklung einer neuen Legierungstechnik. In chemischen Fabriken entstanden die ersten Großkraftwerke mit Höchstdruckkesseln. Die chemische Industrie trug zur Entwicklung des Spezialfahrzeugbaus wesentlich bei. Von ihr ging ein entscheidender Anstoß zur industriellen Nutzbarmachung der elektronischen Regelung

KONJUNKTUR UND KRISE

Wissenschaftliches Bulletin des Instituts für Wirtschaftswissenschaften
bei der Deutschen Akademie der Wissenschaften zu Berlin

Statistische Beilage

20. Folge

(Beilage zu Heft 4/1964)

D. Indexzahlen der Entwicklung der Arbeitsproduktivität

Teil 1

Zusammengestellt von HELMUT MANTE

Zeichenerklärung:

. Angaben liegen nicht vor
... Angaben lagen bei Redaktionsschluß noch nicht vor
— Null oder weniger als die Hälfte der verwendeten Einheit
——— Ein Trennungsstrich innerhalb der Zahlenreihe (horizontal in den Spalten, vertikal in den Zeilen) bezeichnet eine Unterbrechung der Kontinuität der Reihe. Vergleiche die jeweilige Anmerkung.
* Vorläufige Zahlen
( ) Geschätzte Zahlen

INHALTSVERZEICHNIS

Quellenangaben befinden sich am Fuß der einzelnen Tabellen.

Tab. 1

Entwicklung der Arbeitsproduktivität der Industriearbeiter in der UdSSR, in den USA, England und Frankreich von 1913 bis 1962

1913 = 100

Jahr	UdSSR	USA	England	Frankreich
1913	100	100	100	100
1928	120	137	94	105
1937	318	146	113	129
1950	580	202	122	131
1955	837	250	139	172
1960	1143	297	162	.
1961	1189	314	160	246
1962	1260	329	163	258

Das Niveau der Arbeitsproduktivität der Industriearbeiter betrug in der UdSSR 1913 10—11%, 1962 bereits 40—50% des jeweiligen Standes in den USA.
England und Frankreich sind hinsichtlich des Produktivitätsniveaus in dem in dieser Tabelle umfaßten Zeitraum von der UdSSR eingeholt und überflügelt worden.

Quelle: Strany socializma i kapitalizma w cifrach. Moskva 1963.

Tab. 2

Entwicklung der Arbeitsproduktivität der Industriearbeiter in den sozialistischen Ländern Europas und in den wichtigsten kapitalistischen Industrieländern von 1950 bis 1962

1950 = 100

Land	1955	1960	1961	1962	Mittlere jährliche Zunahme von 1950—1962
UdSSR	144	196	207	219	6,8%
Bulgarien	144	177	191	205	6,2%
Ungarn	123	147	159	168	4,4%
DDR	155	224	239	259	8,2%
Polen	160	229	247	257	8,2%
Rumänien	149	220	233	248	7,9%
Tschechoslovakei	150	211	223	230	7,2%
USA	123	148	155	162	4,1%
England	114	133	134	137	2,6%
Bundesrepublik	132	164	169	177	4,9%
Frankreich	132	195	205	215	6,6%

Quelle: Strany socializma i kapitalizma w cifrach. Moskva 1963.

Tab. 3

USA
Produktivitätsindexzahlen für ausgewählte Produktionsbereiche
1880 – 1945
(1939 = 100)

Jahr	Produktionsergebnis je Arbeiterstunde: Bergbau	Produktionsergebnis je Arbeiterstunde: Elektrizitäts-versorgung	Produktionsergebnis je Arbeiterstunde: Verarbeitende Industrie	Produktionsergebnis je Arbeiterstunde: Eisenbahn-transport	Produktionsergebnis je Arbeiter: Landwirtschaft
1880	19,8	.	.	.	.
1890	25,6	.	.	.	.
1902	33,4	.	.	.	.
1909	.	.	39,4	.	66,4
1910	.	.	.	.	70,1
1911	.	.	.	.	73,2
1912	.	.	.	.	77,4
1913	.	.	.	.	72,4
1914	.	.	45,5	.	79,4
1915	48,6	.	.	.	77,0
1916	48,1	.	.	51,6	73,4
1917	48,5	43,1	.	54,2	78,2
1918	49,4	.	.	53,5	81,3
1919	49,6	.	45,3	56,7	81,2
1920	51,8	.	48,0	57,6	86,5
1921	54,2	.	55,2	58,5	73,7
1922	57,5	46,0	60,5	60,9	79,7
1923	59,0	51,0	59,5	62,9	81,8
1924	60,7	49,1	63,4	64,6	83,8
1925	62,6	50,4	67,6	68,2	88,6
1926	63,4	53,1	69,5	70,4	91,5
1927	65,3	52,7	71,3	70,2	88,3
1928	68,0	.	75,1	73,7	91,8
1929	69,9	54,1	78,1	75,1	91,6
1930	72,9	50,1	80,0	75,1	89,8
1931	77,2	51,9	83,5	75,6	99,0
1932	77,6	58,3	77,8	73,7	93,4
1933	78,8	68,1	81,9	83,0	89,2
1934	81,4	77,4	85,9	83,7	76,6
1935	84,9	82,5	90,8	87,6	87,5
1936	86,6	87,8	91,0	93,5	81,6
1937	88,0	89,6	90,0	95,2	105,3
1938	90,1	89,0	91,6	94,7	97,8
1939	100,0	100,0	100,0	100,0	100,0
1940	103,8	108,6	.	105,2	103,5
1941	104,3	123,2	.	115,5	107,5
1942	103,0	145,8	.	139,6	118,9
1943	100,1	182,7	.	150,9	116,8
1944	102,3	191,1	.	148,1	123,6
1945	104,1	182,5	.	139,5	120,7

Quelle: Historical Statistics of the United States, 1789–1945. Washington 1949. S. 71/72.

Tab. 4

USA

Indexzahlen des Produktionsergebnisses je Arbeiterstunde für ausgewählte Industriezweige von 1940 bis 1961 (ab 1959 einschließlich Alaska und Hawai)

1957/59 = 100

Industriezweig	Anmerkungen	1940	1945	1950	1955	1957	1958	1959	1960	1961
Kohlenbergbau	1, 2, 3	50,2	51,3	61,4	87,4	92,6	103,0	107,1	116,2	131,3
Fett- und Pechkohlen	2, 3	49,2	50,7	61,7	87,8	92,9	103,2	106,4	114,3	129,0
Eisenerzbergbau	2, 3	100,5	96,7	97,1	114,3	106,7	95,3	94,6	106,2	110,0
Kupferbergbau	2, 3	65,4	74,1	84,2	89,9	94,1	106,2	101,3	104,5	109,5
Eisenhüttenwerke	2, 6	·	·	·	·	98,7	96,5	105,1	100,2	105,1
Thomasstahlerzeugung	2, 5	62,1	65,2	84,8	98,0	97,5	95,6	107,4	·	·
NE-Metallerzeugung	4, 5, 7	69,2	60,9	77,8	96,8	99,3	100,8	100,0	101,2	·
Erdölraffinerien	5, 7	57,8	48,6	68,3	87,8	93,2	98,1	109,7	114,1	121,9
Synthet. Fasererzeugung	5, 7	18,1	27,8	51,9	77,3	93,0	96,2	110,4	114,6	·
Zement	8	54,7	49,2	70,5	91,6	92,4	99,7	108,3	·	·
Ziegelindustrie	7, 9	·	·	87,3	103,1	99,4	99,8	·	·	·
Hohlglasindustrie	5, 7	72,7	86,7	95,1	99,7	99,8	97,3	102,9	100,6	102,7
Papiererzeugung	7, 9	75,6	62,8	78,4	90,4	96,1	98,8	104,9	109,3	·
Kfz-Reifen und -Schläuche	—	·	·	82,7	86,2	93,8	99,0	107,4	112,1	118,0
Strümpfe und Trikotagen	5, 7	66,9	80,7	81,7	89,1	91,3	106,7	103,0	100,9	·
Mühlenindustrie	5, 7	79,5	70,6	69,7	86,8	99,2	102,7	98,2	104,0	107,4
Konservenindustrie	2	61,2	63,2	75,7	89,4	98,4	98,2	103,5	106,0	·
Zuckerraffinerien	5, 7	68,5	52,3	75,4	·	·	98,1	103,9	106,9	103,4
Süßwarenindustrie	5, 7	67,3	70,2	71,7	88,0	97,7	99,7	102,6	106,4	105,7
Brauereien	5, 7	56,7	66,0	77,8	87,2	93,1	102,1	105,5	108,3	113,3
Tabakwaren insgesamt	2, 5	55,5	66,3	81,4	85,4	94,8	100,5	104,8	112,7	118,3
Zigarrenindustrie	2, 5	48,3	57,0	65,4	75,8	88,7	101,1	111,6	121,4	128,8
Zigaretten, Rauch-, Kau- und Schnupftabak	2, 5	62,7	75,7	99,2	94,4	99,7	100,0	100,3	106,9	111,4
Eisenbahntransport	10	50,3	66,8	71,1	88,3	94,4	100,2	106,6	111,1	119,7

[1] Einschließlich Anthrazit, Fett- und Pechkohle.
[2] Bezogen auf bezahlte Arbeiterstunden.
[3] Nach dem Bergbauzensus von 1939, 1954 und 1958 berichtigt.
[4] Kupfer-, Blei- und Zinkschmelzen und -Raffinerien.
[5] Nach dem Industriezensus von 1947, 1954 und 1958 berichtigt.
[6] Infolge von Änderungen in der Standard Industriel Classification nicht mit den Indexzahlen der Thomasstahlerzeugung vergleichbar.
[7] Vor 1947 auf bezahlte, danach nur auf geleistete Produktionsarbeiterstunden bezogen.
[8] Bezogen auf geleistete Arbeiterstunden.
[9] Nach dem Industriezensus von 1947 und 1954 berichtigt.
[10] Nur Haupteisenbahnen. Transportleistung auf geleistete Arbeitsstunden bezogen.

Quelle: Statistical Abstract of the United States 1963, S. 238. Angaben des Department of Labor, Bureau of Labor Statistics.

Tab. 5

WESTDEUTSCHLAND

Jahresindexzahlen des Produktionsergebnisses je Beschäftigten und je Arbeiterstunde in der Industrie 1949—1955

1936 = 100

Industriebereich	1949	1950	1951	1952	1953	1954	1955
a) Produktionsergebnis je Beschäftigten							
Gesamte Industrie[1])	78	92	101	105	110	118	128
Bergbau	63	69	73	75	76	80	84
darunter:							
Kohlenbergbau	60	63	67	67	66	67	69
Eisenerzbergbau	74	91	103	111	102	104	120
Kali-, Steinsalzbergbau und Salinen	72	85	90	92	93	103	102
Verarbeitende Industrie	80	95	104	108	115	122	132
Grundstoff- und Produktionsgüterindustrien	77	92	100	101	109	119	129
darunter:							
Industrie der Steine und Erden	85	99	102	113	110	113	122
Eisen- und Stahlerzeugung	64	76	79	85	78	87	99
NE-Metallindustrie (ohne Gießerei)	73	83	97	101	113	128	131
Chemische Industrie[2])	80	99	109	108	126	136	144
Erdölgewinnung und Mineralölverarbeitung	55	93	112	125	138	159	180
Kautschuk- und Asbestverarbeitung	81	85	90	99	105	110	117
Glasindustrie	119	111	116	104	108	115	116
Sägewerke und Holzbearbeitung	74	80	85	78	82	89	93
Zellstoff- und Papiererzeugung	71	81	86	78	91	100	102
Investitionsgüterindustrien	71	89	105	112	111	121	132
darunter:							
Maschinenbau	75	88	101	108	103	109	119
Fahrzeugbau	53	85	99	111	109	136	152
Elektrotechnische Industrie	80	96	115	117	121	131	135
Feinmechanische und optische Industrie	64	87	98	103	106	113	122
Verbrauchsgüterindustrien[3])	83	94	103	106	117	121	129
darunter:							
Feinkeramische Industrie	82	88	98	95	97	107	109
Ledererzeugung	79	86	84	89	90	93	98
Schuhindustrie	71	72	72	77	79	79	85
Textilindustrie	93	104	108	107	119	122	127
Nahrungs- und Genußmittelindustrien	122	135	138	146	165	169	180
darunter:							
Nahrungsmittelindustrie	134	156	152	161	183	184	190
Brauerei und Mälzerei	71	79	96	100	106	107	115

(Fortsetzung)

Industriebereich	1949	1950	1951	1952	1953	1954	1955
b) Produktionsergebnis je Arbeiterstunde							
Gesamte Industrie[1]	83	93	103	108	114	121	130
Bergbau	66	71	75	79	81	84	90
darunter:							
Kohlenbergbau	62	65	68	70	70	70	73
Eisenerzbergbau	81	97	109	116	112	116	132
Kali-, Steinsalzbergbau und Salinen	76	87	91	94	100	115	115
Verarbeitende Industrie	85	96	106	111	118	124	134
Grundstoff- und Produktionsgüterindustrien	87	100	108	111	121	131	142
darunter:							
Industrie der Steine und Erden	92	102	104	105	111	117	126
Eisen- und Stahlerzeugung	76	92	97	105	100	109	127
NE-Metallindustrie (ohne Gießerei)	87	91	106	112	123	137	141
Chemische Industrie[2]	92	109	122	125	145	156	167
Erdölgewinnung und Mineralölverarbeitung	55	94	115	131	144	165	191
Kautschuk- und Asbestverarbeitung	88	88	95	103	107	113	120
Glasindustrie	121	108	114	102	106	113	116
Sägewerke und Holzbearbeitung	74	77	82	77	81	86	90
Zellstoff- und Papiererzeugung	74	83	87	82	96	104	108
Investitionsgüterindustrien	79	94	110	118	119	127	139
darunter:							
Maschinenbau	87	97	110	118	116	120	131
Fahrzeugbau	59	91	107	119	120	147	164
Elektrotechnische Industrie	84	95	113	118	122	131	135
Feinmechanische und optische Industrie	71	89	98	104	109	114	124
Verbrauchsgüterindustrien[3]	83	91	101	104	113	117	124
darunter:							
Feinkeramische Industrie	86	90	100	98	99	107	110
Ledererzeugung	77	84	88	90	90	93	98
Schuhindustrie	72	73	78	78	80	83	86
Textilindustrie	90	98	104	106	115	119	123
Nahrungs- und Genußmittelindustrien	118	130	136	144	164	168	177
darunter:							
Nahrungsmittelindustrie	120	143	142	151	176	176	182
Brauerei und Mälzerei	71	74	88	91	97	98	104

[1] Ohne Energieerzeugung und Bau.
[2] Einschließlich Kohlenwerkstoffindustrie.
[3] Ohne Nahrungs- und Genußmittelindustrien.

Quelle: Statistisches Jahrbuch für die Bundesrepublik 1956.

Tab. 6

WESTDEUTSCHLAND
Halbjährliche Indexzahlen der industriellen Produktivität je Beschäftigten und je Arbeiterstunde 1949—1953

1936 = 100

Industriebereich	1949		1950		1951		1952		1953	
	1. Hj.	2. Hj.	1. Hj.	2. Hj.	1. Hj.	2. Hj.	1. Hj.	2. Hj.	1. Hj.	2. Hj.
a) Arbeitstägliches Produktionsergebnis je Beschäftigten										
Gesamte Industrie[1]	.	.	.	97,3	99,9	101,4	102,3	107,5	107,4	112,9
Bergbau	.	.	.	70,2	73,2	73,4	75,0	75,8	75,9	75,5
darunter:										
Kohlenbergbau	.	.	.	64,0	66,8	66,3	67,1	66,9	66,3	64,9
Eisenerzbergbau	.	.	.	95,1	101,7	104,3	109,0	112,6	108,9	94,3
Kali- und Steinsalz	.	.	.	87,9	90,6	88,9	91,9	92,7	90,6	96,1
Verarbeitende Industrie	.	.	.	100,7	103,3	104,8	105,8	111,4	111,4	117,3
Grundstoff- und Produktionsgüterindustrien	.	.	.	97,8	100,7	99,3	98,7	103,2	107,0	110,5
darunter:										
Steine und Erden	.	.	.	108,5	96,4	107,9	97,7	108,0	101,3	118,8
Eisenschaffende Industrie	.	.	.	78,7	77,7	80,4	84,5	85,9	82,4	73,6
Erdölgewinnung[2]	.	.	.	106,5	110,0	114,2	119,5	130,7	134,8	140,4
Chemische Industrie[3]	.	.	.	104,0	111,5	107,4	105,2	111,4	123,0	128,7
Gummi- und Asbestverarbeitung	.	.	.	94,8	94,8	84,4	94,9	103,2	103,5	105,7
Sägewerke und Holzbearbeitung	.	.	.	82,4	88,5	81,9	78,8	77,1	79,2	85,7
Zellstoff und Papier	.	.	.	83,9	86,4	85,1	78,6	76,6	87,5	94,6
Investionsgüterindustrien	.	.	.	96,8	105,2	105,0	112,6	111,7	110,4	111,8
darunter										
Maschinenbau	.	.	.	93,3	99,5	102,8	110,5	104,8	104,3	101,9
Fahrzeugbau	.	.	.	91,9	101,0	97,1	112,3	109,5	108,4	109,8
Elektrotechnik	.	.	.	106,0	114,6	115,0	113,9	120,8	115,8	126,4
Feinmechanik und Optik	.	.	.	92,8	95,2	101,5	103,2	102,3	103,7	109,1
Verbrauchsgüterindustrien[4]	.	.	.	98,5	102,4	101,1	99,8	111,3	112,4	119,2
darunter:										
Feinkeramik	.	.	.	73,4	78,3	76,8	76,1	74,9	73,7	78,7
Ledererzeugung	.	.	.	93,0	85,6	82,1	84,6	94,1	92,8	91,4
Schuhindustrie	.	.	.	75,5	74,2	69,5	75,9	78,8	78,1	80,0
Textilindustrie	.	.	.	108,2	109,9	105,1	97,8	116,2	114,5	124,3
b) Produktionsergebnis je Arbeiterstunde										
Gesamte Industrie[1]	78,9	85,8	87,8	97,9	100,7	104,4	104,9	110,1	111,1	115,6
Bergbau	65,0	67,1	69,7	72,0	74,8	75,9	77,7	79,7	81,1	86,4
Kohlenbergbau	61,3	62,5	63,7	65,4	67,9	68,2	69,0	70,1	70,4	69,0
Eisenerzbergbau	78,3	83,8	92,6	102,0	107,5	110,8	114,3	117,4	116,6	108,0
Kali- und Steinsalz	71,6	80,4	84,3	88,8	90,5	91,6	92,9	95,9	97,2	103,5
Verarbeitende Industrie	81,3	88,8	90,6	101,2	104,0	108,0	108,5	113,9	114,8	119,8
Grundstoff- und Produktionsgüterindustrien	84,7	90,2	95,5	105,0	108,6	108,4	108,4	113,4	119,8	121,6
darunter:										
Steine und Erden	84,3	100,6	92,4	109,1	100,0	107,7	101,5	107,4	105,9	116,3
Eisenschaffende Industrie	71,7	80,0	88,3	95,5	94,5	98,8	102,4	107,5	104,3	145,9
Erdölgewinnung[2]	48,4	62,2	80,3	107,7	111,4	118,1	125,8	137,0	141,5	147,3
Chemische Industrie[3]	89,5	94,9	104,0	114,6	122,0	122,2	120,8	129,8	141,2	148,8
Gummi- und Asbestverarbeitung	87,8	87,4	80,0	96,5	97,0	92,5	98,8	106,6	104,6	108,5
Sägewerke und Holzbearbeitung	75,3	72,7	75,7	78,7	84,2	79,3	77,5	76,6	79,1	82,9
Zellstoff und Papier	74,6	74,2	80,5	85,3	87,6	87,0	82,3	82,1	90,9	100,1
Investitionsgüterindustrien	76,7	81,8	87,3	102,6	108,5	112,0	117,5	119,0	118,2	119,7
darunter:										
Maschinenbau	84,4	89,9	92,0	102,6	106,1	113,0	119,2	116,7	116,5	115,2
Fahrzeugbau	50,9	68,0	83,0	98,0	106,3	108,3	117,1	119,7	117,7	122,0
Elektrotechnik	83,5	84,4	86,2	103,6	110,7	114,5	114,5	120,8	117,4	126,1
Feinmechanik und Optik	69,7	72,8	84,3	93,8	93,9	102,8	102,3	105,0	106,3	111,3
Verbrauchsgüterindustrien[4]	78,3	86,0	87,1	94,2	98,3	100,8	99,3	107,5	109,1	114,5
darunter:										
Feinkeramik	69,0	67,7	69,6	73,2	79,3	78,9	78,3	77,5	76,8	80,0
Ledererzeugung	73,5	81,1	77,0	91,0	86,9	88,8	87,3	92,2	88,9	90,9
Schuhindustrie	69,2	75,2	71,5	74,6	78,8	77,3	78,5	77,9	81,2	79,3
Textilindustrie	84,8	95,2	94,4	101,2	103,1	104,6	99,7	112,3	110,5	118,8

[1] Ohne Energieerzeugung und ohne Bau.
[2] Einschließlich Mineralölverarbeitung.
[3] Einschließlich Kohlenwerkstoffindustrie.
[4] Ohne Nahrungs- und Genußmittelindustrien.

Quellen: Statistische Jahrbücher für die Bundesrepublik 1952, 1953 und 1954.

Tab. 7

WESTDEUTSCHLAND (ohne Saargebiet)
Indexzahlen des Produktionsergebnisses je Beschäftigten, je Arbeiter und je Arbeiterstunde in der Industrie 1950–1963

1950 = 100

Jahr	Gesamte Industrie[1]	Bergbau	Verarbeitende Industrie: insgesamt	Grundstoff- und Produktionsgüterindustrien	Investitionsgüterindustrien	Verbrauchsgüterindustrien	Nahrungs- und Genußmittelindustrien
			Produktionsergebnis je Beschäftigten				
1950	100	100	100	100	100	100	100
51	108	108	108	107	115	103	110
52	111	112	111	109	120	104	116
53	118	111	118	116	121	114	131
54	125	116	125	126	131	119	134
1955	132	123	132	134	142	124	140
56	134	127	134	136	141	128	144
57	137	128	136	140	140	132	151
58	141	129	140	144	146	132	156
59	150	135	150	160	153	142	160
1960	160	151	158	174	164	148	163
61	164	163	162	177	169	152	168
62	171	176	168	190	170	160	172
63	178	193	174	204	173	165	180
			Produktionsergebnis je Arbeiter				
1950	100	100	100	100	100	100	100
51	108	108	107	107	114	103	110
52	112	112	111	109	121	104	116
53	119	112	119	117	122	114	131
54	126	117	126	127	133	118	134
1955	134	124	133	136	143	124	141
56	136	129	135	139	143	128	145
57	139	130	138	143	142	132	152
58	144	132	143	149	149	133	159
59	155	139	154	166	158	143	165
1960	166	157	163	181	170	150	169
61	172	170	168	186	176	154	175
62	181	185	176	202	180	163	181
63	190	203	185	219	185	169	191
			Produktionsergebnis je Arbeiterstunde				
1950	100	100	100	100	100	100	100
51	108	107	108	107	114	105	110
52	112	112	112	110	120	106	116
53	119	115	119	118	123	115	130
54	126	123	125	127	132	119	133
1955	134	132	133	136	141	125	141
56	139	137	138	142	146	130	145
57	150	144	148	155	154	141	156
58	158	150	156	164	162	146	168
59	171	164	169	184	175	157	176
1960	184	183	181	202	189	167	184
61	194	198	190	211	198	176	193
62	208	218	203	233	208	189	201
63	221	238	216	254	216	199	214

[1]) Ohne Energieversorgung und Bau.

Tab. 7 (Fortsetzung)

Bergbau

Jahr	Kohlenbergbau	Eisenerzbergbau	Kali- und Steinsalzbergbau	Erdöl- und Erdgasgewinnung
	Produktionsergebnis je Beschäftigten			
1950	100	100	100	100
51	107	108	106	118
52	108	116	112	138
53	105	106	112	157
54	107	108	126	184
1955	111	125	123	214
56	114	127	121	237
57	112	129	124	252
58	111	129	127	284
59	112	142	140	325
1960	123	159	152	370
61	131	170	154	431
62	139	183	152	514
63	148	194	166	638
	Produktionsergebnis je Arbeiter			
1950	100	100	100	100
51	107	109	105	119
52	108	117	112	142
53	106	107	112	163
54	108	111	126	193
1955	112	128	124	228
56	115	131	123	256
57	113	132	126	274
58	113	133	131	313
59	115	148	146	372
1960	127	167	159	435
61	136	179	161	523
62	145	195	160	646
63	156	208	177	814
	Produktionsergebnis je Arbeiterstunde			
1950	100	100	100	100
51	106	108	105	118
52	108	115	112	141
53	108	110	117	163
54	114	114	126	190
1955	120	128	126	225
56	123	131	130	260
57	126	137	139	293
58	129	141	143	343
59	137	160	162	402
1960	150	182	180	491
61	160	197	186	584
62	171	223	190	739
63	183	239	213	935

Tab. 7 (Fortsetzung)

Grundstoffe und Produktionsgüterindustrien

Jahr	Steine und Erden	Eisen-schaffende Industrie	NE-Metall-industrie	Chemische Industrie[1]	Mineral-ölver-arbeitung	Kautschuk- und Asbest-verarbeit. Industrie	Sägewerke und Holz-verbearbeit. Industrie	Zellstoff- und Papier-erzeugung
	Produktionsergebnis je Beschäftigten							
1950	100	100	100	100	100	100	100	100
51	106	108	102	109	126	102	110	105
52	111	117	100	107	142	113	100	94
53	120	103	115	124	146	115	105	109
54	126	115	129	131	173	121	113	120
1955	135	133	135	139	192	129	117	122
56	137	134	132	143	198	123	122	124
57	139	130	133	153	193	125	117	127
58	149	117	136	160	224	125	118	126
59	165	131	143	177	258	138	122	133
1960	173	145	156	193	307	142	132	143
61	185	139	153	196	363	145	131	145
62	196	137	154	217	401	147	136	149
63	204	135	165	237	454	152	140	158
	Produktionsergebnis je Arbeiter							
1950	100	100	100	100	100	100	100	100
51	106	108	102	109	128	103	108	105
52	111	118	101	110	148	114	99	95
53	121	105	116	128	153	115	105	111
54	127	118	129	135	180	121	113	122
1955	136	136	136	143	201	128	118	125
56	138	138	133	148	210	124	123	128
57	142	134	135	159	205	126	117	130
58	154	121	138	168	240	126	119	129
59	170	136	146	189	294	138	124	137
1960	179	152	160	206	355	142	133	148
61	193	147	157	212	425	147	132	151
62	205	146	162	239	476	150	139	156
63	216	145	173	265	545	156	143	165
	Produktionsergebnis je Arbeiterstunde							
1950	100	100	100	100	100	100	100	100
51	105	108	102	110	127	105	108	104
52	110	119	103	113	147	112	101	98
53	119	108	117	130	152	112	105	111
54	124	119	129	136	178	118	112	122
1955	133	138	138	145	201	126	116	126
56	137	142	139	154	214	125	124	131
57	146	149	149	174	225	133	121	139
58	161	141	155	187	272	135	125	140
59	176	160	167	212	331	148	131	150
1960	187	179	183	232	402	155	142	162
61	203	173	184	244	490	162	142	169
62	218	179	194	279	560	166	151	179
63	232	178	208	312	652	173	160	189

[1] Einschließlich Chemiefasererzeugung und Kohlenwerkstoffindustrie.

Tab. 7 (Fortsetzung)

Investitionsgüterindustrien

Jahr	Stahlbau	Maschinenbau	Fahrzeugbau	Elektrotechnische Industrie	Feinmechan. und optische Industrie[1]	Stahlverformung	Eisen-, Blech- und Metallwaren
			Produktionsergebnis je Beschäftigten				
1950	100	100	100	100	100	100	100
51	106	115	116	114	110	129	111
52	111	122	131	116	118	139	108
53	121	118	132	117	127	129	112
54	119	123	161	128	135	132	123
1955	121	134	183	134	142	149	126
56	124	132	184	133	143	145	129
57	120	130	189	132	145	140	128
58	120	129	220	141	145	136	128
59	115	131	235	147	156	144	139
1960	126	139	253	152	165	159	152
61	132	144	262	155	171	161	158
62	130	142	272	156	176	154	161
63	131	138	297	152	184	155	160
			Produktionsergebnis je Arbeiter				
1950	100	100	100	100	100	100	100
51	107	115	116	114	109	128	111
52	112	123	131	118	116	138	109
53	122	119	133	121	124	129	113
54	119	125	161	130	132	132	123
1955	122	135	183	135	137	147	126
56	125	134	185	136	138	143	129
57	122	133	190	136	142	139	129
58	123	133	220	145	143	136	130
59	120	138	236	152	155	145	141
1960	131	147	254	158	164	160	155
61	139	153	265	163	172	162	162
62	137	152	277	167	180	157	166
63	140	151	304	165	190	160	167
			Produktionsergebnis je Arbeiterstunde				
1950	100	100	100	100	100	100	100
51	108	113	117	115	107	127	112
52	112	121	130	119	115	136	110
53	121	120	134	121	125	131	114
54	118	123	161	130	131	130	122
1955	121	132	182	136	136	144	126
56	126	135	193	140	142	146	133
57	130	142	208	148	154	149	140
58	132	143	240	159	156	147	141
59	131	151	261	170	171	158	156
1960	142	160	285	178	181	174	173
61	150	168	299	186	194	179	183
62	152	174	321	196	209	179	193
63	156	175	358	196	225	183	196

[1] einschließlich Uhrenindustrie

Tab. 7 (Fortsetzung)

Verbrauchsgüterindustrien

Jahr	Feinkeramik	Glas	Holzverarb. Ind.	Papierverarb. Ind.[1]	Kunststoffverarb.	Ledererzeugung	Lederverarb.	Schuhindustrie	Textilindustrie	Bekleidung
	Produktionsergebnis je Beschäftigten									
1950	100	100	100	100	100	100	100	100	100	100
51	111	104	107	102	128	101	99	99	102	103
52	108	94	107	108	145	109	109	105	102	108
53	110	95	123	119	158	113	118	106	115	117
54	122	100	129	125	165	116	126	108	121	118
1955	126	103	131	128	178	123	142	115	128	132
56	126	109	139	128	183	127	138	119	133	135
57	127	106	143	133	202	137	145	126	137	138
58	129	112	139	133	219	132	151	123	134	133
59	137	117	164	138	241	142	161	138	144	142
1960	145	127	177	145	261	136	169	145	149	144
61	152	129	186	148	265	147	179	150	151	150
62	154	139	201	153	293	150	182	157	160	153
63	159	146	200	157	303	151	186	161	169	156
	Produktionsergebnis je Arbeiter									
1950	100	100	100	100	100	100	100	100	100	100
51	110	103	106	102	129	101	97	99	102	103
52	107	95	107	106	147	110	106	106	103	108
53	110	95	122	118	158	113	112	106	117	116
54	121	101	127	121	164	116	118	108	123	118
1955	125	103	127	118	170	123	130	114	130	132
56	125	110	135	118	175	127	127	118	136	134
57	127	107	142	125	201	137	136	125	140	137
58	130	114	149	126	218	132	143	124	139	133
59	138	119	163	129	233	143	151	139	151	142
1960	148	129	175	135	254	138	158	146	156	144
61	155	132	186	138	260	150	169	152	159	150
62	160	143	202	143	291	153	172	160	170	153
63	167	152	203	148	304	155	176	164	180	157
	Produktionsergebnis je Arbeiterstunde									
1950	100	100	100	100	100	100	100	100	100	100
51	109	103	106	103	130	108	99	106	105	104
52	107	94	107	107	144	113	106	105	109	107
53	110	95	121	117	155	114	112	107	118	116
54	118	100	125	122	159	118	119	111	126	118
1955	124	104	126	120	166	125	129	114	132	130
56	127	112	135	124	175	133	128	119	139	133
57	135	114	149	139	211	146	141	130	151	142
58	141	125	160	140	232	147	152	135	156	142
59	151	131	174	146	250	159	162	148	167	152
1960	164	145	190	156	278	156	173	161	177	158
61	174	151	204	162	291	170	192	172	184	168
62	182	168	224	170	330	177	201	181	199	176
63	194	182	233	179	349	181	207	192	215	183

[1] Einschließlich Druck und Vervielfältigung. Bis 1957 nur Druck und Vervielfältigung.

Tab. 7 (Fortsetzung)

Nahrungs- und Genußmittelindustrien

Jahr	Ernährungs-industrie	Brauerei	Tabak-verarbeitende Industrie
	Produktionsergebnis je Beschäftigten		
1950	100	100	100
51	111	123	106
52	116	126	113
53	132	150	129
54	133	151	142
1955	138	162	159
56	140	165	174
57	147	179	192
58	151	180	204
59	158	191	213
1960	163	191	223
61	164	198	261
62	166	202	300
63	173	211	341
	Produktionsergebnis je Arbeiter		
1950	100	100	100
51	110	120	105
52	117	122	112
53	133	145	128
54	133	145	141
1955	138	155	158
56	140	158	174
57	147	171	191
58	153	172	204
59	160	182	215
1960	166	182	227
61	168	189	271
62	172	193	314
63	181	201	366
	Produktionsergebnis je Arbeiterstunde		
1950	100	100	100
51	110	119	110
52	115	120	113
53	131	144	130
54	132	144	143
1955	138	154	159
56	141	158	175
57	153	176	193
58	164	183	207
59	174	196	226
1960	184	203	244
61	190	213	290
62	196	221	345
63	207	230	402

Quellen: Statistische Jahrbücher für die Bundesrepublik 1957, 1959 und 1963. Wirtschaft und Statistik", Heft 3, 1964.

Tab. 8

Entwicklung der Produktivität in der Industrie: Westdeutschland (ohne Saargebiet), Niederlande und Österreich

Jährliche und vierteljährliche Indexzahlen 1950—1963 1953 = 100

Jahr	Vierteljahr	Westdeutschland (ohne Saargebiet)	Niederlande	Österreich
		Produktionsergebnis je Arbeiterstunde in der Industrie	Produktivität in der Industrie	Produktivität je Beschäftigten in der Industrie
1950		84	89	87
51		91	91	94
52		94	93	96
53		100	100	100
54		106	106	110
1955		113	110	120
56		117	114	121
57		126	115	128
58		133	118	132
59		144	127	139
1960		155	138	147
61		163	140	·
62		174	145	·
63		186	151	·
1950	1. Vj.	·	84	82
	2. Vj.	79	90	86
	3. Vj.	·	93	85
	4. Vj.	88	92	93
1951	1. Vj.	·	91	90
	2. Vj.	89	92	98
	3. Vj.	·	88	95
	4. Vj.	93	91	95
1952	1. Vj.	92	90	94
	2. Vj.	92	93	97
	3. Vj.	96	93	97
	4. Vj.	97	98	97
1953	1. Vj.	97	93	92
	2. Vj.	98	101	100
	3. Vj.	102	100	101
	4. Vj.	104	105	107
1954	1. Vj.	100	99	99
	2. Vj.	103	108	113
	3. Vj.	108	105	114
	4. Vj.	111	112	115
1955	1. Vj.	108	105	115
	2. Vj.	110	111	123
	3. Vj.	113	110	121
	4. Vj.	117	116	123
1956	1. Vj.	112	109	116
	2. Vj.	116	116	123
	3. Vj.	118	111	121
	4. Vj.	122	118	125
1957	1. Vj.	120	114	121
	2. Vj.	124	117	131
	3. Vj.	128	114	127
	4. Vj.	132	114	132
1958	1. Vj.	128	111	127
	2. Vj.	129	119	134
	3. Vj.	134	118	133
	4. Vj.	139	123	135
1959	1. Vj.	135	118	128
	2. Vj.	142	127	141
	3. Vj.	145	126	139
	4. Vj.	152	137	146
1960	1. Vj.	150	131	138
	2. Vj.	152	137	148
	3. Vj.	155	135	146
	4. Vj.	162	149	154
1961	1. Vj.	158	139	148
	2. Vj.	161	139	155
	3. Vj.	163	133	·
	4. Vj.	169	148	·
1962	1. Vj.	166	140	·
	2. Vj.	172	144	·
	3. Vj.	177	142	·
	4. Vj.	182	153	·
1963	1. Vj.	176	140	·
	2. Vj.	182	151	·
	3. Vj.	188	150	·
	4. Vj.	197	163	·

Quelle: OECD, Statistical Bulletins, General Statistics, Mai 1964 bis Januar 1958 rückläufig.

Tab. 9

JAPAN

Produktivitätsindexzahlen, Bergbau und verarbeitende Industrie, 1952—1962

1951 und 1952: Durchschnitt des Jahres 1955 = 100.
1952 bis 1962: Durchschnitt des Jahres 1960 = 100.

Jahr	Jahresindex 1955 = 100	Jahresindex 1960 = 100	Monatliche Indexzahlen J	F	M	A	M	J	J	A	S	O	N	D
Bergbau														
1951	73,8	·	67,1	56,1	77,9	70,9	73,7	77,1	75,9	72,7	75,5	78,2	73,6	86,1
52	74,6	·	79,5	82,4	88,1	79,2	78,8	76,4	78,4	74,2	81,0	62,7	43,7	69,3
1952	:	63,3	67,6	70,0	74,8	67,3	67,0	64,9	66,6	63,1	68,8	53,3	37,1	58,9
53	88,4	75,1	72,8	73,8	82,1	76,6	74,3	72,1	72,4	66,7	71,4	76,8	77,4	84,5
54	96,1	81,7	79,1	62,5	87,1	84,8	81,3	82,9	84,7	76,5	83,7	86,6	86,3	85,1
1955	100,0	84,9	79,2	81,8	88,4	82,3	79,7	82,8	84,5	82,6	86,7	89,2	90,4	91,1
56	105,6	89,7	85,5	89,2	76,3	88,1	91,0	91,0	91,5	86,9	90,2	96,8	94,8	94,9
57	110,1	93,6	89,2	91,7	89,0	94,8	97,0	94,5	95,3	88,7	92,7	93,8	98,4	97,5
58	104,9	89,1	91,7	93,1	86,3	84,3	84,6	83,4	92,0	83,5	92,1	94,4	89,3	94,4
59	113,9	88,5	88,4	89,0	76,8	82,6	88,7	90,3	90,8	85,0	92,0	94,4	88,4	95,8
1960	117,8	100,0	89,7	93,8	101,0	96,8	97,1	96,7	100,9	95,7	101,9	104,2	109,4	113,6
61	135,8	115,1	105,1	106,3	117,9	102,0	108,8	114,7	114,3	110,1	119,8	123,8	129,3	131,2
62	·	131,9	125,7	129,8	138,3	124,4	134,4	135,5	123,7	122,3	132,0	139,0	139,2	132,6
Verarbeitende Industrie														
1951	73,9	·	65,1	69,9	78,0	73,0	75,6	75,9	74,9	73,7	74,5	72,6	75,6	77,9
52	77,4	·	70,7	75,1	76,7	72,7	74,7	75,8	77,5	78,4	81,3	82,4	81,5	82,0
1952	:	58,3	53,2	56,7	57,8	54,8	56,2	57,1	58,4	59,0	61,2	62,0	61,4	61,8
53	91,5	69,0	56,1	66,0	76,5	67,3	67,1	68,0	68,2	68,7	69,6	71,9	71,4	75,3
54	95,2	71,6	68,3	76,8	84,7	72,8	70,5	70,0	69,1	66,4	68,8	69,9	70,1	73,0
1955	100,0	75,4	67,5	76,4	84,7	73,8	72,5	72,0	73,4	74,3	75,9	75,6	76,7	81,5
56	112,8	84,9	75,8	85,9	91,0	78,0	82,1	83,0	83,8	83,9	85,7	87,6	87,4	91,1
57	118,9	89,7	83,5	94,2	100,7	89,8	93,1	90,8	91,0	86,7	87,1	86,4	85,5	87,4
58	114,5	84,3	80,4	89,7	94,5	83,1	81,5	80,6	81,5	81,1	82,4	85,1	83,3	89,0
59	129,8	92,0	82,5	92,7	98,7	87,2	89,6	91,4	90,6	89,1	92,2	93,9	94,6	101,1
1960	143,3	100,0	92,8	104,0	109,6	96,6	96,8	96,8	96,8	96,5	99,6	101,5	102,8	106,4
61	158,3	108,3	100,4	108,2	116,5	102,3	104,8	106,7	107,4	106,9	108,3	111,6	111,1	116,3
62	·	111,1	109,2	116,1	125,0	108,7	109,7	109,0	106,6	106,8	110,0	109,6	110,3	113,6

Berechnungsweise: Index der industriellen Produktion dividiert durch die Indexzahl der Beschäftigung.

Quelle: Japan, Statistical Yearbook 1961, S. 355, und 1962, S. 367.

aus. Kurz, sie übte auf zahlreiche Industriezweige richtunggebende Impulse aus und trug und trägt entscheidend zur Veränderung der gesamten Produktionsstruktur bei.

Die chemische Produktion und die von ihr ausgehende Chemisierung der Volkswirtschaft trägt neue Arbeitsgegenstände und Verfahren in den materiellen Reproduktionsprozeß hinein und fordert ihm neue Arbeitsmittel und deren rationelle Fertigung ab. Durch ihre Entwicklungsdynamik revolutioniert die Chemie den gesamten materiellen Reproduktionsprozeß; durch die von ihr getragene Revolution der Rohstoffe, der Energetik und der Technologie und durch die dabei auftretenden Wechselwirkungen der Chemisierung trägt sie entscheidend zur Durchsetzung der technischen Revolution in der ganzen Volkswirtschaft bei. Dabei konzentriert sich die revolutionierende Impulsgebung auf die Petrolchemie, die die Vorprodukte, aus denen synthetische Rohstoffe gewonnen werden, liefert. Natürlich soll die selbständige Rolle von Neuerungen auf anderen Gebieten, z. B. in der Informations- oder Verkehrstechnik keineswegs geleugnet werden. Dessenungeachtet bleibt aber die Tatsache bestehen, daß die Chemisierung der Volkswirtschaft gegenwärtig den Kern des Prozesses der Umwälzung der Produktionsstruktur der modernen Volkswirtschaft bildet.

Einige durch die Chemisierung im Reproduktionsprozeß ausgelöste Widersprüche und die Monopole

Die Chemisierung ist ein wissenschaftlich-technischer Prozeß, der sich unter kapitalistischen wie unter sozialistischen Produktionsverhältnissen vollzieht und, soweit er die Entwicklung im Charakter der Produktivkräfte betrifft, analog verläuft. Natürlich treten bei der Bewältigung der Chemisierung Widersprüche auf, die in beiden Wirtschaftssystemen verschiedene Formen annehmen und auf sehr unterschiedliche Weise, mit sehr verschiedenen Wirkungen, gelöst werden. Wir wollen versuchen, einige Widersprüche der technischen Revolution und die Wege ihrer Bewältigung durch die Monopole und ihren Staat anzudeuten. Zu den Widersprüchen, die der technische Fortschritt im Kapitalismus auslöst, gehören:

1. der Widerspruch zwischen wachsendem Kapitalminimum und der Kapitalakkumulation einzelner Monopole;
2. der Widerspruch zwischen der Einheitlichkeit der automatischen Massenproduktion und der Differenziertheit der Nachfrage;
3. der Widerspruch zwischen sprunghafter Kapazitätserhöhung und stetiger Entwicklung der Nachfrage.

Der Widerspruch zwischen wachsendem Kapitalminimum und der durch das Privateigentum an den Produktionsmitteln *begrenzten Akkumulationsfähigkeit* selbst der größten Monopole ist ein vom technischen Fortschritt bestimmter Aspekt des Grundwiderspruchs des Kapitalismus. Vom zunehmenden Grad der Vergesellschaftung der Produktion zeugt die technisch sich ergebende Vergrößerung der Produktionsaggregate.

Der chemische Prozeß ist nicht mehr — wie die mechanische Bearbeitung von Arbeitsgegenständen — auf den Menschen und seine Größe zugeschnitten. Er vollzieht sich umso wirtschaftlicher, je größer die Behälter sind, in denen eine bestimmte Menge vermittels eines selbsttätigen Naturprozesses gleichzeitig verarbeitet wird. So führt die Chemisierung der Produktion zur Querschnittsvergrößerung der Produktionsaggregate. Dafür einige Beispiele aus der Erdölverarbeitung, der Stromerzeugung und der Metallurgie. In Westdeutschland erreichte im Jahre 1953 keine einzige Raffinerie eine Durchsatzkapazität von 2 Millionen Tonnen Rohöl. 1962 hatten schon 13 Raffinerien jeweils Kapazitäten von über 2 Millionen Tonnen, davon konnten 2 Raffinerien jeweils über vier und eine Raffinerie fünf Millionen Tonnen Öl verarbeiten. Die Tatsache, daß 1953 keine einzige Raffinerie die 2 Millionen-Grenze erreichte, 1964 aber die durchschnittliche Kapazität der rund 30 Raffinerien schon höher als die Spitzenkapazität von vor 10 Jahren lag, zeugt von diesem Sprung in eine neue Größenordnung. Elektroenergie wird in immer größeren Einheiten erzeugt. Am Ende des zweiten Weltkrieges hatte ein 50 Megawatt-Turbogenerator eine beachtliche Größe. Im Wasserkraftwerk Krasnojarsk am Jenissei in der UdSSR arbeiten 10 Turbogeneratoren von je 500 MW, größere sind im Bau. Die USA bauen Turbogeneratoren von 600 MW. In der Metallurgie hat ein Konverter für das moderne Sauerstoffblasverfahren mit einer Stundenproduktion von 250 Tonnen Stahl eine fünfmal größere Produktion als ein Konverter nach dem traditionellen Thomas-Verfahren. Ein Thomas-Stahlkonverter à 70 Tonnen kostet etwa 33 Millionen Mark, ein Sauerstoffblaskonverter à 150 Tonnen kostet jedoch 50 Millionen Mark. Die Investitionskosten für ein Aggregat steigen. Da aber der Investitionsaufwand je Tonne erzeugten Stahls um rund 25% sinkt (von 83,50 auf 62,50 Mark), lohnt sich der Übergang zu größeren Produktionseinheiten für die Monopolgesellschaften. So sehen wir den Zug zu größeren Kapazitätseinheiten und steigenden Investitionen je Werk auf der Suche nach einer vergrößerten Effektivität des Kapitals.

Es ist bekannt, in welcher Weise der Staat, nicht zuletzt in Westdeutschland, die Investitionsfinanzierung der Monopole durch die steuerliche Begünstigung von Investitionen in Anlagen einer neuen Technik, durch degressive Abschreibungsmöglichkeiten und andere Methoden erleichtert hat.

Eine wachsende Bedeutung kam in den letzten Jahren Gemeinschaftsgründungen der Monopole zu. Durch die gemeinsame Finanzierung unerläßlicher Nebenbetriebe, wie z. B. eines Kraftwerkes oder eines Erzaufbereitungswerkes, durch den gemeinsamen Bau von Erdölleitungen, den gemeinsamen Betrieb oder die gemeinsame Errichtung und Betreibung von Forschungs- und Entwicklungsbetrieben, ja sogar durch gemeinsame Hauptproduktionen, versuchen mehrere Monopole, die von der technischen Revolution gestellten Aufgaben zu lösen. So haben mehrere westeuropäische Stahlkonzerne ein Hüttenwerk gemeinsam an der belgischen Küste: die Siderurgie Maritime. Die IG-Farben-Nachfolgegesellschaften (BASF und Bayer) haben gemeinsam mit Erdölgesellschaften (Deutsche Shell AG. und der britischen BP Benzin- und Petroleum AG.) petrochemische Betriebe (Rheinische Olefinwerke GmbH. in Wesseling bei Köln; Erdölchemie GmbH., Dormagen) errichtet. Zahlreiche andere Gemeinschaftsgründungen wären auf diesem Gebiet zu nennen, wie z. B. die Condea Petrochemie GmbH. in Brunsbüttelkoog.

Die vergangenen Jahre zeigen, daß es den Monopolgesellschaften in Westdeutschland – mit der Schützenhilfe des eigenen Staates und des Auslandskapitals, insbesondere des amerikanischen und britischen – gelungen ist, die mit der Finanzierung des technischen Fortschritts verbundenen Schwierigkeiten durch engeren fallweisen Zusammenschluß (Patent- und Lizenzaustausch, Gemeinschaftsgründung usw.) zu lösen.

* * *

Mehr Schwierigkeiten bereitet den Monopolen die Herstellung der Übereinstimmung von Produktion und Markt. Dieser mit der Entwicklung des Kapitalismus immer wieder neu erstehende *Widerspruch zwischen Produktion und Merkt hat sich* durch die technische Revolution *qualitativ verändert.* Es handelt sich bei der Abstimmung der Produktion auf die vermutliche Nachfrage nicht nur um die Bestimmung von Mengenverhältnissen, sondern ebensosehr und gleichzeitig um die Bestimmung der verbrauchs- und marktgerechten Erzeugnisarten und -gruppen. Die Beziehungen zwischen Produktion und Bedarf und damit zwischen Produktion und Markt sind durch die technische Revolution und speziell durch die Chemisierung außerordentlich kompliziert worden.

Dazu sind einige Bemerkungen über die Besonderheiten chemischer Produktionsprozesse erforderlich.

Im Unterschied zur geradlinig verlaufenden mechanischen Bearbeitung von Werkstoffen zeichnet sich die chemische Verarbeitung von Einsatzstoffen durch Variabilität und Reversibilität als Erscheinungsformen des komplexen Zusammenhangs aus. Daher ist die chemische Produktion gekennzeichnet

1. durch starke Substituierbarkeit sowohl der Einsatzstoffe und Verfahren in der Chemieproduktion selber als auch der Chemieerzeugnisse in der produktiven Konsumtion anderer Industriezweige;
2. durch ihren Charakter als Kuppelproduktion, die das gewünschte Hauptprodukt nur in Verbindung mit dem Anfall von zunächst unerwünschten Nebenprodukten ergibt;
3. durch eine wachsende Zahl von Verarbeitungsstufen und damit einen höheren Verarbeitungsgrad.

Die Substituierbarkeit der Einsatzstoffe zeigt sich z. B. daran, daß die Kohlechemie schon viele jener Verbindungen hervorbrachte, die auch die Petrochemie erzeugen kann. Ebenso, wie z. B. Essig durch Destillation aus Holz oder durch Gärung aus Getreide oder durch Synthese aus Kalk und Kohle usw. gewonnen werden kann, so können ganz allgemein chemische Erzeugnisse aus unterschiedlichen Ausgangsstoffen und unter Einsatz verschiedener Verfahren hergestellt werden. Ebenso wie die Chemieindustrie vor das Problem der Auswahl der jeweils günstigsten Einsatzstoffe und Verfahren gestellt ist, so stehen ihre Abnehmer und damit sie selber auch vor dem Problem vielseitiger Verwendungsmöglichkeiten der erzeugten Produkte. Plaste und Elaste verdrängen Metalle, Natursteine, Naturkautschuk im Maschinenbau, in der Elektrotechnik, im Bauwesen, sie dienen u. a. als Isolier- und als Baumaterial und haben noch längst nicht die Grenzen ihrer Einsetzbarkeit erreicht. Durch die Chemisierung entsteht nicht nur auf dem Markt die Substitutionskonkurrenz zwischen Kunst- und Naturstoffen, sondern Substitutionsmöglichkeiten sind innerhalb der chemischen Industrie selbst in großem Umfange gegeben. So erhebt sich das Problem der optimalen Produktionsvariante, der Aufstellung von Produktionsprogrammen, die einen langfristigen Absatz ermöglichen. Einerseits verlangt nämlich die automatische Massenproduktion die Festlegung auf ein einheitliches Erzeugungsprogramm, da Umstellungen entweder gar nicht oder nur unter großen Kosten vorzunehmen sind; andererseits führt der technische Fortschritt aber zu einem sehr spezifizierten Bedarf der Abnehmerindustrien und damit zu einer sehr differenzierten Marktnachfrage.

Das Problem des Produktionsprogramms, seiner qualitativen Abstimmung auf die langfristige Verbrauchs- und Nachfrageentwicklung kompliziert sich dadurch, daß die chemische Produktion Kuppelproduktion ist, der Produktionsprozeß auf das eine oder andere Produkt als Hauptprodukt abgestellt wird und die sogenannte Fahrweise einer Anlage von der Beurteilung der Marktentwicklung und von der Kostenverteilung, d. h. von den realisierbaren Preisrelationen abhängig ist. Da die Entwicklung der chemischen Produktion außerdem zu immer stärkerer Weiterverarbeitung (Nutzbarmachung von Abfallprodukten) führt, entsteht ein wachsendes Sortiment neuer chemischer Produkte, deren Absatz zu sichern ist.

Die Monopole haben bestimmte Wege zur Lösung dieser Schwierigkeiten beschritten. Hier wären gegenseitige Spezialisierungsvereinbarungen und die Abstimmung von Produktionsprogrammen zwischen gleichartigen Monopolgesellschaften zu nennen. Monopolinterne langfristige Bedarfsanalysen, Ausrichtung der Produktion auf langfristige Absatzbeurteilungen (sog. Marketing) und Bestrebungen der Produktionsoptimierung in Einklang mit Bedarfsprognosen spielen hier eine Rolle. Die entscheidende Waffe der Monopole sind aber nicht monopolinterne Planungen und vereinbarte Kooperationsbeziehungen, sondern ist die Preiskonkurrenz.

So haben die Erdölmonopole in Westdeutschland den von den amerikanischen Erdölgesellschaften unter Einsatz staatlicher Manipulierung gehaltenen hohen Monopolpreis und -profit für Rohöl und für weiße Erdölerzeugnisse dazu ausgenutzt, um Kampfpreise für das bei der Benzingewinnung anfallende Heizöl durchzuhalten. Die Preise für Heizöl wiesen zeitweilig Schwankungen von 50% auf (zwischen Januar 1957 und Mai—Juni 1958). Die durch das Heizöldumping zeitweise entstandenen Erlösminderungen sollen achtstellige Zahlen erreicht haben. Daraus ist zu entnehmen, wie hoch die Monopolpreise auf weiße Produkte sind, die solche Einbußen wettmachen. So verhalf die Preisoffensive der Ölmonopole, dem technisch überlegenen Heizöl anstelle von Steinkohle vielerorts zum endgültigen Einsatz zu gelangen. Der Anteil der Steinkohle am Privatenergieverbrauch sank von 72% im Jahre 1950 (und noch 69% im Jahre 1956) auf 48% im vergangenen Jahr. Dagegen stieg der Anteil des Heizöles im gleichen Zeitraum von 5 auf 33%.

Die Anstrengungen der Öl- und Chemiemonopole, den durch die technische Revolution verstärkten strukturellen Widerspruch zwischen Produktion und Markt, insbesondere zwischen produktionsbedingter Einheitlichkeit und verbrauchsbedingter Differenziertheit, zwischen Produktionsanfall und Absatzmöglichkeiten zu lösen, waren mit einer Verschärfung der Substitutions- und Preiskonkurrenz verbunden. War das Heizöl Anfang der fünfziger Jahre noch lästiges Abfallprodukt der Benzinerzeugung, so bildeten später Ölfraktionen aus den auf Heizöl ausgelegten Anlagen ein Abfallprodukt, das dann zunehmend als Ausgangsprodukt der neu entstehenden petrolchemischen Industrie die gesuchte Verwendung fand.

* * *

Die Größe und Ausmaße der Produktionsaggregate sowie die Kontinuität im Produktionsausstoß automatischer Anlagen bedingen ein für längere Zeit festzulegendes Produktionsprogramm. Dieses Programm muß sich daher möglichst auf die langfristige Vorausschätzung der Bedarfs- und Nachfrageentwicklung stützen. Nun entsteht aber — selbst wenn die qualitative Abstimmung im wesentlichen richtig erfolgt wäre — ein *quantitativer Widerspruch zwischen der Entwicklung der Produktionksapazitäten und der Entwicklung der*

Nachfrage, weil die Kapazität sprunghaft ansteigt, während die Nachfrage aller Industrie- und Wirtschaftszweige nach neuen Erzeugnissen sich mehr oder minder stetig entwickelt. Einerseits müssen die Monopole technisch modernste Produktionseinheiten, d. h. solche mit vergrößertem Querschnitt und von größerer Produktionskapazität, errichten. Andererseits fehlt für längere Zeit der erforderliche Absatz. Die Monopole gehen hier den Weg der zeitweiligen gegenseitigen Ausnutzung der Kapazitäten. Das eine Monopol errichtet neue Kapazitäten einer bestimmten Produktionsstufe und nimmt Kapazitäten eines Konkurrenten für die ihr noch fehlende Stufe in Anspruch und umgekehrt. So haben die Walzwerke an Ruhr und Rhein Neuinvestitionen zeitweilig ausgesetzt, indem sie die ihnen fehlenden Halbzeuge auf Grund langfristiger Lieferverträge von anderen Werken zugekauft oder selber Lohnwalzverträge für ihre Zulieferer durchgeführt haben. Durch diese gegenseitigen Lieferungen und Lohnwalzungen der Werke gelingt es ihnen, ihre eigene neuinstallierte Kapazität stärker auszulasten und dennoch Kapazitätsengpässe durch die Inanspruchnahme der Kapazität anderer Werke zu vermeiden. Trotz des teilweise gelungenen Austauschs von Kapazitätsüberschüssen konnte die westdeutsche Stahlindustrie nicht verhindern, daß sie unter dem strukturell bedingten Rückgang der Stahlnachfrage und starker ausländischer Preiskonkurrenz ihre Produktion drosseln mußte. Die westdeutsche Stahlproduktion sank von 34,1 Millionen Tonnen im Jahre 1960 auf 31,8 Millionen Tonnen im Jahre 1963. Trotz Stillegung zahlreicher alter Werke waren die neuen Kapazitäten erheblich unterbelastet. Ähnlich verfuhren die Erdöl- und Chemiemonopole beim Aufbau einer petrolchemischen Industrie und bei der Umstellung vorhandener Werke von der Kohle- auf die Petrolchemie.

Zunächst gründeten z. B. die BASF und Shell gemeinsam die Rheinischen Olefinwerke in Wesseling und sicherten ihre Versorgung aus einer Nachbarraffinerie, ehe die Shell in Wesseling — entsprechend dem von dem Chemiepartner geäußerten Wunsch — eine eigene Raffinerie errichtete und die Vertikalkonzentration von Rohöl über die Gewinnung petrolchemischer Vorprodukte (Olefine, Aromate usw.) zur chemischen Weiterverarbeitung ausbaute.

Durch Produktionsspezialisierung, Gemeinschaftsgründungen und Abstimmung und Austausch von Kapazitäten versuchen die Monopole, die technische Revolution ohne Überproduktion oder Überinvestition zu bewältigen.

Während in den USA zahlreiche Beispiele nicht ausgenutzter neuer chemischer Produktionskapazitäten zu nennen sind (z. B. sind die Phenolanlagen der USA zu weniger als 70% ausgenutzt), liegt in Westdeutschland das Schwergewicht bei der Stillegung von vor wenigen Jahren errichteter Kapazitäten. So legten die Farbwerke Hoechst eine 1956 errichtete Rohölspaltanlage 1961 schon wieder still, um eine Hochtemperaturspaltanlage für die Verarbeitung von Leichtbenzin aus der benachbarten Caltex-Raffinerie zu errichten. Zahlreiche Stilllegungen sind natürlich mit der Umstellung z. B. der Kohle-Öl-Konzerne (Gelsenkirchener Bergwerks-AG., Scholven-Chemie-AG. und Rheinpreussen-AG. für Bergbau und Chemie) von der Kohle auf Öl verbunden.

Ein führender Vertreter der italienischen Chemieindustrie, Vizepräsident des Montecatini-Chemiekonzerns, Dr. Luigi Morandi, traf folgende Feststellung:

> „Die chemischen Werke werden immer teurer und veralten immer schneller . . . ich sehe eine Überproduktion von Werken, die dazu bestimmt sind, schnell zu veralten."[1]

Diese Feststellung hat allgemeine Bedeutung. Fehlinvestitionen in nichtmarktfähige Entwicklungslinien, Investitionen in eine neue Technik mit größeren Aggregaten, die nicht voll auszulasten sind, und ein rascher moralischer Verschleiß von neuen Anlagen führen zur Überproduktion von fixem Kapital selbst in den sogenannten Wachstumsindustrien. An die Stelle der früher üblichen Überproduktionskrise hat der technische Fortschritt im Monopolkapitalismus — trotz einer gewissen Verlangsamung der Investitionsentwicklung durch Kapazitätsabstimmung und -austausch — die Überinvestition gesetzt. Die neue Technik läßt sich bei aller partiellen Meisterung ökonomisch nicht in den engen kapitalistischen Rahmen einzwängen. Sie rebelliert in Gestalt einer ständigen Nichtauslastung selbst neuer Produktionskapazitäten, und der rasche moralische Verschleiß zwingt zur Stillegung und Verschrottung von Produktionsanlagen, die 5 Jahre zuvor noch den technischen Fortschritt verkörperten.

Die Chemisierung der Volkswirtschaft ist noch im Anfangsstadium. Ihre ersten negativen Auswirkungen auf die ökonomische Entwicklung lassen für die keiner Gesamtplanung unterliegenden kapitalistischen Wirtschaften große Schwierigkeiten vorhersehen. Es bliebe zu untersuchen, wieweit es dem westdeutschen Staat bisher gelang, ökonomische und soziale Auswirkungen der Chemisierung auf die davon negativ betroffenen Produktionssparten, wie den Kohlenbergbau und die Baumwollindustrie, abzufangen und die Umstrukturierung der Volkswirtschaft zu fördern. Keinesfalls dürfen die Wirkungen der Chemisierung der Volkswirtschaft auf den Reproduktionsprozeß — Entwicklungsimpulse auslösend wie bisherige Entwicklungstendenzen abschneidend — übersehen werden.

Während die bisher in Westdeutschland überwiegenden Entwicklungsimpulse die Konjunktur trugen, haben die Teilkrisen (Steinkohlenbergbau, Textilindustrie, Schiffbau) besonders deutlich werden lassen, daß der widerspruchsvolle technische Fortschritt Störungen in der Reproduktion des Kapitals — Prozesse vollständiger Entwertung und teilweiser Nichtverwertung von Kapital — hervorruft. Selbst in Industriezweigen, die Träger des technischen Fortschritts sind, wie die Chemieindustrie, hat die Überinvestition von Kapital die Überproduktion von Waren abgelöst.

[1] Chemieindustrie 1963/8/461

Die Entwicklung der westdeutschen Chemieindustrie

K. H. Horn, G. Licht, R. Sieber

Die Entwicklung der Chemieproduktion steht heute im Mittelpunkt der wissenschaftlich-technischen Umwälzung, die sich in allen Teilen der Welt vollzieht. Der Umfang der Chemisierung wurde zu einer der wichtigsten Kennziffern für das Entwicklungstempo der Produktivkräfte. Zugleich beeinflußt die durch vielfältige Kooperationsbeziehungen mit den übrigen Bereichen der Wirtschaft verbundene Chemie den gesamten Konjunkturverlauf wesentlich. Will man heute die voraussichtlichen Entwicklungstendenzen der Wirtschaft kapitalistischer Länder einschätzen, besonders ihrer strukturellen Veränderungen, so kann man nicht an den kapitalistischen Chemieprogrammen vorbeigehen, an den Investitionsvorhaben der großen Monopole auf dem Gebiet der Chemie. Alle Vorgänge, die sich in der Chemie – der wohl wichtigsten Wachstumsindustrie – vollziehen, verdienen besonders unter dem Aspekt des ökonomischen Wettbewerbs unsere besondere Aufmerksamkeit.

Zur Gesamtsituation

Die Nettoproduktion der westdeutschen chemischen Industrie hat sich bis zum Jahre 1963 gegenüber dem Niveau von 1950 mehr als vervierfacht, gegenüber dem Vorkriegsstand von 1936 sogar etwa verfünffacht. Das Wachstumstempo der Chemie übertraf damit das der gesamten Industrieproduktion, die in der gleichen Zeit auf 286 Prozent stieg, beträchtlich. Dementsprechend stieg der Anteil der Chemieproduktion am wertmäßigen Umfang der gesamten westdeutschen Industrieproduktion von rund 6 auf mehr als 10 Prozent.

Zumindest in den Jahren von 1958 bis 1963 wurde das Wachstumstempo der westdeutschen Chemieproduktion noch von Italien und Japan übertroffen. Im einzelnen stieg die Chemieproduktion gegenüber 1958 = 100 in den verschiedenen Ländern bis 1963 wie folgt:

In Italien	um	121	Prozent,
in Japan	um	103	Prozent,
in Westdeutschland	um	80	Prozent,
in Frankreich	um	63	Prozent,
in den USA	um	53	Prozent,
in Australien	um	47	Prozent,
in England	um	40	Prozent und
in Kanada	um	29	Prozent.

In der gesamten kapitalistischen Welt stieg die Produktion der Chemieindustrie von 1958 bis 1963 um 54%, gegenüber einem Wachstum der gesamten Industrieproduktion um 36 Prozent. Die Chemie überflügelte also den Durchschnitt der gesamten Industrie in bezug auf das Wachstumtempo bei weitem, in einzelnen Ländern um ein Vielfaches.

Es ist zu beachten, daß die USA heute der größte Chemieproduzent der Welt sind. Etwa die Hälfte der Chemieproduktion aller kapitalistischen Länder entfällt auf die USA. Unter den westeuropäischen Ländern sind Westdeutschland, Großbritannien, Frankreich und Italien auf dem Gebiet der Chemie führend, sie vereinigen auf sich rund 80 Prozent der gesamten westeuropäischen Chemieproduktion.

Überblicken wir die wichtigsten Kennziffern über die Gesamtentwicklung der westdeutschen Chemie, so fällt auf, daß diese in einigen wichtigen Punkten vom Durchschnitt der übrigen Industriezweige abweichen. Während im allgemeinen die Umsatzentwicklung, beschleunigt durch Preissteigerungen, dem Wachstum der Produktion vorauseilt, ist dies bei der Chemie, vor allem in den letzten Jahren, nicht mehr der Fall. Der schon genannten Steigerung der Chemieproduktion auf 408 Prozent steht eine Erhöhung des Umsatzes von 1950 bis 1963 auf 394 gegenüber. Im Durchschnitt der gesamten Industrie jedoch übertraf das Wachstum des Umsatzes, der 1963 = 356 des Standes von 1950 betrug, das der Produktion (1963 = 286) beträchtlich. In diesen Fakten zeigt sich der im internationalen Rahmen besonders heftige Konkurrenzkampf der großen Chemiemonopole. Zum anderen Teil offenbart sich in dieser abgeschwächten Entwicklung der Preise für Chemieprodukte, in ihrer zeitweisen und teilweisen Senkung, die ebenfalls weit überdurchschnittliche Steigerung der Arbeitsproduktivität, die mit so grundsätzlichen strukturellen Umwälzungen, wie dem schnellen Vordringen der Petrolchemie, verbunden ist.

Von 1950 bis 1963 stieg das Produktionsergebnis je Arbeiterstunde in der gesamten Industrie auf 221, in der Chemie dagegen auf 312. Trotz des beschleunigten Wachstums der Produktion der westdeutschen Chemie in den letzten drei Jahren ging die Zahl der Beschäftigten insgesamt und auch die Zahl der Arbeiter gegenüber 1961 absolut zurück, nachdem sie schon seit längerer Zeit nahezu stagnierte. Die Zahl der in der Chemie geleisteten Arbeiterstunden lag 1963 nur unwesentlich über dem Stand des Jahres 1956.

Die westdeutsche Chemie bestätigt eindeutig, daß selbst der stürmische Aufschwung der Wachstumsindustrien unter den Verhältnissen der gegenwärtigen technisch-wissenschaftlichen Revolution keine Ausdehnung der Beschäftigung garantieren kann. Wuchs im Durchschnitt der gesamten Industrie die Zahl der Arbeiter von 1950 bis 1963 nur um etwa 55 Prozent, wobei sie seit 1961 absolut zurückgeht, so in der Chemie um 53 Prozent. Das Wachstum der Produktion übertraf also das der produktiven Beschäftigung in der gesamten Industrie um etwa das Vierfache, in der Chemie sogar um das Sechsfache. Im Jahre 1963 wurden in der westdeutschen Chemie etwas mehr als 480000 Menschen beschäftigt, davon etwa 325000 Arbeiter. Im gleichen Jahr erzielte die westdeutsche Chemie einen Umsatz von rund 27 Milliarden DM.

Strukturveränderungen in der westdeutschen Chemie

Den revolutionierendsten Einfluß auf die Chemie (und damit auch auf den Chemieanlagenbau) hat die stürmische Erschließung und Ausnutzung der Erdöl- und Erdgasvorkommen. Der Anteil der Petrolchemie an der gesamten Chemieproduktion hat bedeutend zugenommen. In den USA betrug im Jahre 1960 der Anteil dieses Zweiges wertmäßig 61 Prozent (gleich 6,4 Milliarden

Dollar), im Jahre 1963 sogar rund 69 Prozent der gesamten amerikanischen Chemieproduktion. Amerikanische Ökonomen weisen darauf hin, daß in den kommenden 5 bis 6 Jahren die wertmäßige Produktion der Petrolchemie mindestens 11 bis 12 Milliarden Dollar betragen wird.

In den zehn Jahren von 1950 bis 1959 betrug der jährliche Zuwachs der Produktion der auf Erdöl basierenden Industrie der organischen Chemie in den USA durchschnittlich 15 Prozent, in den westeuropäischen Ländern dagegen sogar 35 Prozent. Diese Zahlen weisen darauf hin, daß der immer noch vorhandene relativ große Rückstand der westeuropäischen kapitalistischen Länder im Vergleich zu den USA zusammenschrumpfen wird. Besonders seit der Mitte der fünfziger Jahre ist eine sehr schnelle Verdrängung des Rohstoffs Kohle zugunsten des Erdöls in der organischen Chemie Westeuropas zu beobachten, wobei Westdeutschland und Italien an der Spitze liegen. Nach wie vor aber ist der Anteil des Erdöls am gesamten Rohstoffeinsatz der organischen Chemie in den USA mindestens doppelt so groß wie im Durchschnitt der westeuropäischen Länder.

Einen Eindruck vom Wachstum der Petrolchemie in Westdeutschland vermitteln uns folgende Zahlen: Gegenüber 1950 = 100 stieg die Produktion der westdeutschen Mineralölverarbeitung auf 854 im Jahre 1963, das bedeutet gegenüber dem Vorkriegsstand von 1936 eine Steigerung auf nahezu das Vierzehnfache. Als Voraussetzung hierzu erfolgte eine Steigerung der eigenen Erdöl- und Erdgasförderung gegenüber 1950 auf mehr als das Siebenfache, gegenüber dem Vorkriegsstand auf nahezu das Achtzehnfache.

Auch in England übertraf das durchschnittliche Wachstumstempo der Erdölchemie das der gesamten Chemieproduktion um fast das Doppelte. Lag in England der Anteil des Erdöls als Rohstoff für die organische Synthese 1950 noch bei nur 9 Prozent, so 1961 bei mehr als 60 Prozent. Die Produktion von Erzeugnissen der Petrolchemie stieg von 60000 t im Jahre 1950 auf 1500000 t im Jahre 1961 und wächst weiter.

Noch ein weiteres Beispiel: Bis 1957 kannte die chemische Industrie in Japan noch keine Petrolchemie; Anfang 1964 aber gibt es hier bereits 52 Betriebe mit einer Gesamtkapazität zur Verarbeitung von 2,2 Millionen t Erdöl.

Daß selbst in den ökonomisch schwachentwickelten Ländern die Petrolchemie schnell vordringt, zeigt uns folgende Tabelle:

Anzahl der Betriebe der Petrolchemie (Anfang 1963)

	in Betrieb befindliche	in Bau befindliche und projektierte
USA, Kanada	520	84
Westeuropa	191	88
Asien, Australien	69	94
Lateinamerika	36	35

Quelle: Zitiert nach „Weltwirtschaft und internationale Beziehungen", Heft 8/1964, S. 42 (russ.)

Der Ausbau der westdeutschen Raffineriekapazitäten geht schnell voran. Sie nahmen in den acht Jahren von 1955 bis 1962 um 32,1 Millionen Tonnen zu. Dieses Wachstum soll sich in den kommenden Jahren noch beschleunigen, man rechnet mit einer Steigerung um 35 Millionen Tonnen bis zum Jahre 1966, womit eine Raffineriekapazität von mehr als 82 Millionen Tonnen erreicht werden würde. Im Jahre 1963 erreichte die Produktion von Benzin in Westdeutschland rund 7 Millionen Tonnen, die von Heizöl knapp 19 Millionen Tonnen.

Am weitaus schnellsten von allen Sparten der modernen Chemie entwickeln sich die Kunststoffproduktion (und -verarbeitung) und die Herstellung synthetischer Fasern. Wie die nachfolgende Tabelle zeigt, hat sich die Produktion von synthetischen Fasern in den kapitalistischen Ländern seit 1950 mehr als verfünfzehnfacht; sie belief sich 1962 auf mehr als 1 Million Tonnen:

Produktion synthetischer Fasern in den kapitalistischen Staaten

Jahr	1000 t	Index (1950 = 100)
1950	67,3	100
1954	184,0	272,9
1955	249,7	370,4
1960	669,3	992,8
1961	782,4	1160,8
1962	1012,8	1505,0

Quelle: Zitiert nach „Weltwirtschaft und internationale Beziehungen"; Heft 8/1964, S. 43 (russ.)

1963 hatten die USA einen Anteil an der gesamten Produktion synthetischer Fasern in der kapitalistischen Welt von 26%, Japan von 16%, Westeuropa von 36%. Der Rest entfiel auf die übrigen kapitalistischen Staaten. Westdeutschland allein produzierte 1963 rund 104000 Tonnen synthetische Fasern, d. h. etwa den zehnten Teil der gesamten Produktion der kapitalistischen Staaten. Die Produktion von synthetischen Fasern in Westdeutschland hat sich damit gegenüber 1955 etwa verzehnfacht, gegenüber 1950 jedoch mehr als verhundertfacht, die Produktion betrug 1950 nämlich nur knapp 1000 Tonnen!

Einen Überblick über die Entwicklung der Produktion von synthetischen Fasern in den wichtigsten kapitalistischen Ländern vermittelt uns folgende Tabelle:

Produktion von synthetischen Fasern (1000 Tonnen)

	1955	1961	1962	1963*
USA	172	340	440	512
Westdeutschland	11	65	94	104
England	18	66	84	100
Frankreich	11	51	65	82
Japan	16	153	182	239
Italien	9	44	64	75

* Schätzung

Das schnelle Entwicklungstempo der westdeutschen Produktion synthetischer Fasern wird also von dem Japans noch merklich übertroffen, Frankreich und Italien bleiben nicht wesentlich hinter Westdeutschland zurück.

In der Produktion von Plaste hat die Bundesrepublik ebenfalls im Rahmen der kapitalistischen Länder in der vergangenen Zeit einen ganz bedeutenden Schritt nach vorn getan. Im Verbrauch an Kunststoffen pro Kopf der Bevölkerung (in kg) erreichte Westdeutschland 1962 die Weltspitze.

	1950	1962
Bundesrepublik	1,8	22,4
USA	6,4	17,1
England	2,5	14,3

Auf dem Gebiet der Plasteproduktion zeigen sich besonders die Auswirkungen der breit angelegten Forschungsarbeit in der Bundesrepublik auf dem Gebiet der Chemie. Während in den ersten Nachkriegsjahren noch die traditionellen Ausgangsrohstoffe, wie Karbid, Chlor, Zellulose dominierten, sind es seit Ende der fünfziger Jahre Erdöl und Erdgas. Mit Hilfe der Polymerisation, beruhend auf Erdöl und Naturgas, wurden in der Bundesrepublik bereits 1960 rund 54 Prozent der gesamten Plasteproduktion erzeugt. Diese Kennziffer ist ein wichtiger Maßstab für die Entwicklung von Kunststoffen neuerer Typen. In den USA betrug dieser Anteil im gleichen Jahr mehr als 60 Prozent.

Auf dem Gebiet der Kunststoffproduktion stieg im Jahre 1963 die Herstellung von Polymerisationserzeugnissen um 17 Prozent auf 780000 Tonnen, die von Kondensationsprodukten um 13 Prozent auf 525000 Tonnen. Gegenüber 1950 bedeutet dies in Westdeutschland bei den Polymerisationsprodukten eine Steigerung bis 1963 auf das Sechsundzwanzigfache und bei den Kondensationsprodukten auf das Dreizehnfache. Das Wachstum der Produktion von Zellulosederivaten bleibt dagegen weit zurück.

Einen Eindruck von der Stellung Westdeutschlands im Rahmen der wichtigsten kapitalistischen Kunststoffproduzenten vermittelt folgende Tabelle:

Produktion von Plaste (in 1000 t)

	1955	1961	1962	1963
USA	1744	3239	3348	3780
Westdeutschland	355	1029	1248	1427
England	323	615	665	757
Frankreich	110	367	450	508
Japan	114	781	965	1405
Italien	90	384	500	..

Auffallend hoch ist immer wieder das Entwicklungstempo der japanischen Chemie. Allein im Jahre 1963 stieg hier die Produktion von Polypropylen auf das Achtfache, die von Polyäthylen erhöhte sich um 60 Prozent, die von Polystyrol um 56 Prozent.

Vom Platz der westdeutschen Chemie, gemessen an ihrem Produktionsanteil bei wichtigen Grundchemikalien, soll uns die folgende Tabelle ein Bild vermitteln (s. Tab. S. 226).

Insgesamt gesehen schlagen sich die schnellen Veränderungen der Struktur der chemischen Produktion darin nieder, daß in großem Umfang herkömmliche Erzeugnisse der Chemie durch neue verdrängt werden. Jährlich gelangen mindestens 400 neue chemische Erzeugnisse auf den Markt. Immer öfter entwickelt und erzeugt die Chemie Produkte mit den von den Bedarfsträgern vorgezeichneten Eigenschaften.

Beispielsweise weist die BASF nach, daß sich das Verhältnis der neuentwickelten zu den herkömmlichen Erzeugnissen in ihrer Produktion in den letzten Jahren grundlegend gewandelt hat, verhielt es sich 1961 noch wie 1:2, so 1963 schon wie 2:1. Diese Veränderungen waren mit einer deutlichen Sortimentsbereinigung verbunden.

Produktion wichtiger Chemieprodukte (in 1000 t)

	Schwefelsäure (in 100% H_2SO_4)		Kaustisches Soda	
	1962	1963	1962	1963
1. USA	17556	18576	4956,0	5172,0
2. BR	3096	3312	900,0	1048,8
3. Japan	4908	4992	974,4	1108,8
4. England	2772	2928	...	...
5. Italien	2556	2712	493,2	570,0
6. Frankreich	2208	2328	213,6	229,2

Quelle: Zitiert nach „Weltwirtschaft und internationale Beziehungen"; Heft 8/1964, S. 43 (russ.)

Der Strukturwandel ist mit vielfältigen Änderungen und Umstellungen der Herstellungsverfahren verbunden, diktiert vom Übergang zur neuen Rohstoffbasis Erdöl und gekennzeichnet durch ein fortschreitendes Niveau der Automatisierung. Aus diesen Vorgängen ergibt sich zwangsläufig ein höherer Grad der Spezialisierung der Produktion und, als Kehrseite davon, eine immer kompliziertere Arbeitsteilung und vielfältigere, selbst internationale Kooperation. Ein Schwergewicht liegt gegenwärtig bei der Bildung von Kombinaten, deren Ziel die komplexe Ausnutzung der Rohstoffe und Weiterverarbeitung aller Neben- bzw. Abfallprodukte ist. Es muß immer wieder festgestellt werden, daß die Rentabilität großer Chemiebetriebe in einem immer entscheidenderen Maße davon abhängt, inwieweit es gelingt, alle unvermeidlichen Nebenprodukte weiter zu verarbeiten und dabei das Transportproblem rentabel zu lösen.

Diese Veränderungen im Charakter der Produktivkräfte führen auch zu Wandlungen auf dem Gebiet der Produktionsverhältnisse — selbstverständlich im Rahmen des Kapitalismus. Die zunehmende Spezialisierung, verbunden mit dem Zwang zu rentablen Kooperationsbeziehungen, kann dabei zeitweilig auch der Entwicklung kleiner und mittlerer Betriebe, deren totale Abhängigkeit von den herrschenden Monopolen durch eine formale Selbständigkeit verdeckt wird, einen gewissen Raum geben. Typisch ist dabei für Westdeutschland der weitere Machtausbau der eng miteinander verflochtenen IG-Farben-Nachfolger, von denen jeder heute über ein größeres Grundkapital verfügt als die gesamte IG-Farben vor dem zweiten Weltkrieg.

Zur Investitionsentwicklung in der gesamten Chemieindustrie

Das besonders hohe Wachstumstempo der Chemieindustrie in den führenden Staaten des kapitalistischen Weltsystems in den letzten Jahren ist untrennbar mit einem starken Investitionsanstieg verbunden. Die vor sich gehende technische Umwälzung des Produktionsprozesses der Chemieindustrie in Form einer Vielzahl neuer technologischer Verfahren und der Entwicklung neuer Produkte erfordert Jahr für Jahr ein hohes Investitionsvolumen. Die Entwicklung in Westdeutschland bestätigt diese Gesetzmäßigkeit. Wenn im Jahre 1953 die Investitionen in der westdeutschen Chemieindustrie noch 700 Mio DM betrugen, so stiegen sie im Jahre 1961 bereits auf über 2,6 Mrd. DM an, und im Jahre 1964 werden sie nach Schätzungen mehr als 2,7 Mrd. DM ausmachen. Im einzelnen liegen für die Bruttoinvestitionen der Chemieindustrie Westdeutschlands von 1948 bis 1964 folgende Angaben vor:

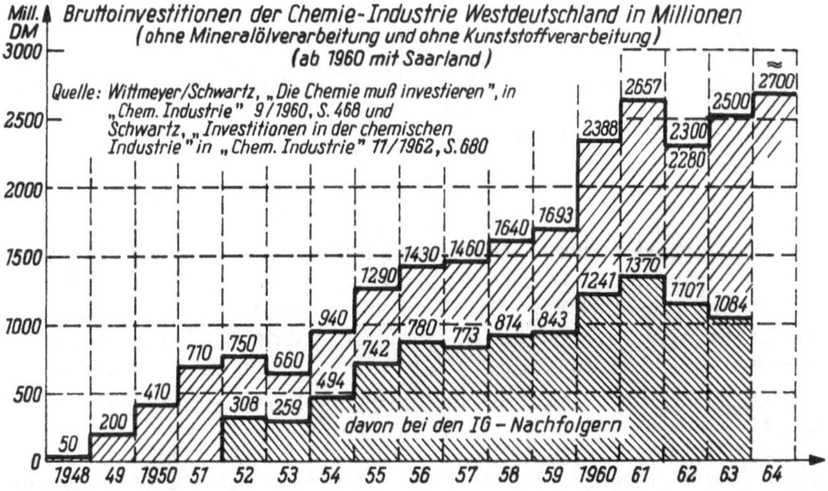

Von 1952 bis 1963 wurden in der gesamten Chemieindustrie Westdeutschlands rd. 19 Mrd. DM investiert. Davon entfielen auf die IG-Farben-Nachfolgegesellschaften etwa 9,8 Mrd. DM, das sind 51,8% der Gesamtsumme. Auch in den nächsten Jahren sind in der chemischen Industrie Westdeutschlands umfangreiche Investitionen vorgesehen. So sollen von 1964 bis 1968 bei der Bayer AG. rd. 2,2 Mrd. DM und bei der BASF von 1964 bis 1967 etwa 2 Mrd. DM investiert werden.

Die wachsende Rolle der Chemieindustrie in der gesamten industriellen Entwicklung spiegelt sich auch im steigenden Anteil der chemischen Industrie an den Bruttoanlageinvestitionen der gesamten Industrie wider:

Jahr	%	Jahr	%
1953	8,0	1958	12,3
1954	10,9	1959	12,0
1955	11,2	1960	13,4
1956	11,7	1961	12,7
1957	11,5	1962	12,0 (geschätzt)

In der bürgerlichen Literatur werden einige wirtschaftliche Parameter berechnet, die für die Chemieindustrie gegenüber der Gesamtindustrie eine überdurchschnittliche Investitionsquote und Investitionsentwicklung nachweisen. Wenn einzelne dieser Kennziffern auch nicht inhaltlich exakt bestimmte Seiten der kapitalistischen Produktionsverhältnisse widerspiegeln und verallgemeinern, so zeigen sie doch insgesamt die Richtung der Investitionstätigkeit in der Chemieindustrie.

Die Umsätze, Nettoproduktionswerte, Investitionen und Beschäftigtenzahlen für 1962 betrugen:

	Einheit	BRD	Gemeins. Markt	USA	Japan
Umsätze	Mrd. DM	23,9	62,4	127,2	21,2
Nettowerte	Mrd. DM	12,4	26,9	62,8	7,6
Investitionen	Mrd. DM	2,0	5,4	6,2	2,7
Beschäftigte	1000	432	1000	850	420
Nettowerte je Beschäftigten	DM (abgerundet)	28700	26900	73900	18100
Investitionsquote	von 100	8,4	8,7	4,9	12,7

(Quelle: Der Volkswirt, Frankfurt/Main, Beiheft zu Nr. 18, vom 30. April 1964, S. 24)

Gegenüber 1953 sind in der westdeutschen Chemieindustrie die Investitionen auf 400% angewachsen, die Zahl der Arbeitskräfte dagegen nur auf ca. 150% und die der Umsätze auf 250%. Für Vergleiche zwischen dem führenden Chemieland im kapitalistischen Weltsystem, den USA, und den hochentwickelten westeuropäischen Staaten können noch folgende Angaben über die Effektivität der Investitionstätigkeit in den Chemieunternehmen mit herangezogen werden: (Tab. S. 229).

In bezug auf die Effektivität der Investitionen zeigt diese Tabelle für die westeuropäischen Länder im Unterschied zur Situation bei den USA-Monopolen ein entschieden günstigeres Verhältnis zwischen der Umsatzsteigerung und der Investitionsrate. Der absolute Umsatzzuwachs übertraf im Zeitraum von 1955 bis 1957 bei den amerikanischen Firmen die Investitionen um 23%, bei den nichtamerikanischen Chemieunternehmen dagegen um 153%. Diese Tatsache läßt in bestimmtem Umfang bei den westeuropäischen Chemiemonopolen in den letzten Jahren auf eine raschere Vergrößerung der Kapazitäten schließen als in den USA. Daraus dürfen jedoch noch keine weitgehenden Schlüsse über Veränderungen gezogen werden; denn der beträchtliche Rückstand der westeuropäischen Staaten gegenüber den USA in der Produktivität – gemessen am Umsatz pro Beschäftigten – wurde nur ganz unwesentlich vermindert. In den USA ist nach wie vor der Umsatz je Beschäftigten doppelt so hoch wie im kapitalistischen Westeuropa.

Die entschieden stärkeren Schwankungen im Prozeß der zyklischen Entwicklung in den USA, besonders in den Krisenjahren 1957/58 und 1960/61, haben zweifellos einen hemmenden Einfluß auch auf die Umsatzbewegung der amerikanischen Chemieindustrie zur Folge gehabt.

Die Nachfragesituation in den USA einerseits und in den westeuropäischen Ländern andererseits wurde im genannten Zeitraum zwar von den grundsätz-

	USA	Andere Länder insges.	BRD	Frankreich	Großbrit.
1. Umsatz					
a) 1955–57 (Mill. $)	22925,9	11595,5	4166,7	1341,2	4222,4
b) 1958–60 (Mill. $)	26154,7	15382,3	6074,9	2027,9	4995,6
c) Steigerung b) zu a)	14,1	32,7	45,8	51,2	18,3
2. Investitionen					
a) 1955–57 (Mill. $)	2630,5	1497,3	651,6	152,3	496,4
b) 1955 in % v. Umsatz	11,5	12,9	15,6	11,4	11,7
c) 1958–60 (Mill. $)	2596,3	1958,2	824,3	341,4	454,7
d) 1958 in % v. Umsatz	9,9	12,7	13,6	16,8	9,1
e) Steigerung c) zu a)	–1,3	30,8	26,5	124,2	–8,1
f) 1955–60 (Mill. $)	5226,8	3455,5	1475,9	493,7	949,3
g) 1955 in % v. Umsatz	10,6	12,8	14,4	14,6	10,3
3. Effektivität der Investitionen					
a) Verhältnis 1c) zu 2b)	1,23	2,54	2,94	4,49	1,56
b) Produktivität 1958	20,4	10,0	11,1	7,7	11,7
c) Produktivität 1960	22,8	12,1	13,7	9,6	14,3
d) Steigerung c) zu b)	11,8	21,0	23,4	24,7	22,2
4. Investitionsfinanzierung (in % der Investitionen)					
a) 1955–57 Abschreibung	61,5	50,8	55,1	52,2	43,2
AK-Erhöhung	14,6	28,1	27,3	53,8	22,2
Fremdmittel	17,0	20,2	22,6	42,8	8,0
b) 1958–60 Abschreibung	74,2	58,6	61,1	44,6	68,3
AK-Erhöhung	13,3	44,1	31,7	35,5	61,4
Fremdmittel	10,0	17,7	9,8	32,9	0,6
c) 1955–60 Abschreibung	67,8	55,2	58,4	46,9	55,3
AK-Erhöhung	13,9	37,2	29,7	41,1	41,1
Fremdmittel	13,5	18,8	15,5	37,7	4,5
5. Investitionsdeckung (Summe 4a)–c))					
1955–57	93,1	99,1	105,0	148,8	73,4
1958–60	97,5	120,4	102,6	113,0	130,3
1950–60	95,2	111,2	103,6	125,7	100,9

Quelle: „Chemische Industrie", Düsseldorf, 1961, Heft 11.

lich gleichen Faktoren bestimmt, aber es wirkten sich einige Bedingungen unterschiedlich aus. So wurde beispielsweise die Umstellung der Chemieproduktion auf Erdölbasis in den westeuropäischen kapitalistischen Staaten erst Mitte der 50er Jahre wirksam. Auf den Gebieten der Kunststoffbe- und -verarbeitung wurden neue Produkte erzeugt, die einen neuen Markt schufen. In den USA hatte diese Entwicklung bereits einige Jahre vorher eingesetzt, so daß zu Beginn der 60er Jahre von dieser Seite her keine solch fördernden Einflüsse auf die Umsatzentwicklung zu beobachten waren.

Einige bürgerliche Theoretiker konstruieren eine bestimmte „Gesetzmäßigkeit", die darin bestehen soll, daß mit steigenden Investitionskosten eine ständig sinkende Effektivität der Investitionen unausbleiblich verbunden sei. Dieser allgemeine Schluß ist prinzipiell falsch, weil er die gesellschaftlichen

Bedingungen des Zusammenhangs zwischen Produktions- und Bedarfsentwicklung ignoriert. Hier stoßen mehrere objektive Entwicklungsprozesse aufeinander. Der technische Fortschritt und speziell die Automatisierung führen auch in der Chemieindustrie zur steigenden Tendenz der Investitionskosten. Das ist zweifellos richtig. Es entstehen größere Produktionskapazitäten, die die Grenzen der kapitalistischen Wirtschaftsführung bloßlegen. Der objektiv gegebene Widerspruch zwischen Produktion und Markt spiegelt sich u. a. in einem steigenden Auseinanderklaffen zwischen den vorhandenen Produktionskapazitäten einerseits und der gering steigenden (in einzelnen Periodeu sogar stagnierenden oder fallenden) Umsatzentwicklung andererseits wider. Für die Entwicklung in den USA war das in den letzten Jahren eine außerordentlich typische Erscheinung. Für 1962 liegen folgende konkrete Angaben vor:

Produktionskapazitäten und Verbrauch an Plaste aus petrolchemischen Rohstoffen in den USA (in 1000 t)

	Kapazitäten	Verbrauch
Polyvinylchlorid	658	553
Polystyrol und Sopolymere	590	430
Polyäthylen (Niederdruck)	885	725
Polyäthylen (Hochdruck)	227	154
Polypropylen	181	54

(Quelle: Weltwirtschaft und internationale Beziehungen, Heft 8/64, S. 41)

In den anderen führenden kapitalistischen Ländern ist diese Entwicklungstendenz ebenfalls festzustellen, wenn auch nicht im gleichen Umfang wie in den USA. In anderen Gebieten des kapitalistischen Weltsystems fehlen solche Kapazitäten, die in den USA relativ überflüssig sind. Die ungleichmäßige ökonomische Entwicklung im Kapitalismus ist mit solch widersprüchlichen Erscheinungen untrennbar verbunden. In gewissem Sinne werden hier die zukünftigen Entwicklungstendenzen der Chemieindustrie unter den Bedingungen der kapitalistischen Produktionsverhältnisse besonders deutlich. In diesen sich verschärfenden Widersprüchen offenbaren sich bestimmte Züge der Labilität in der wirtschaftlichen Entwicklung der Länder des kapitalistischen Weltsystems.

Zur Investitionsentwicklung in der Petrolchemie

Mit der Entwicklung der Chemieindustrie ist die Erdölgewinnung und -verarbeitung eng verbunden. Die Umstellung von der Kohle als Rohstoff auf Erdöl in vielen Bereichen der Chemieindustrie führt zu einer steigenden Nachfrage nach Erdöl. Besonders im letzten Jahrzehnt erhöhte sich die Erdölförderung in den kapitalistischen Ländern bedeutend.

Welterdölförderung in Mill. t

1913	1937	1950	1962
54	280	524	1211

Diese Ausdehnung der Erdölförderung machte umfangreiche Investitionen erforderlich. Nach ungefähren Berechnungen der Erdölgesellschaften war in der Zeit von 1948 bis 1957 für jede jährlich produzierte zusätzliche Tonne Erdöl im gesamten Betriebsbereich ein Aufwand von 448,— DM erforderlich, nämlich 200,— DM für Suche und Förderung, 56,— DM für Tanker, 28,— DM für Pipelines, 76,— DM für die Raffinerie und 88,— DM für die Verteilung. Der Höhepunkt der Investitionen betrug in den kapitalistischen Ländern im Jahre 1957 50 Mrd. DM.

Während die Nachfrage nach Erdöl in den kapitalistischen Ländern von 1950 bis 1960 im Durchschnitt um 6,7% jährlich gewachsen ist, rechnet die Ölindustrie heute mit einer langsameren Zunahme. Bis zum Jahre 1970 wird sie jährlich auf rund 5% veranschlagt, bis 1975 dürfte sie noch weiter zurückgehen. Das bedeutet ein Wachsen der Ölförderung in den kapitalistischen Ländern bis 1970 auf rund 1,5 Mrd. t, bis 1975 nach optimistischen Voraussagen sogar auf 2 Mrd. t. Die Chase-Manhattan-Bank glaubt, daß die westliche Erdölindustrie von 1961 bis 1970 etwa 560 Mrd. DM, bis 1975 sogar rund 900 Mrd. DM neu investieren muß.

Investitionsaufwand[1] der Erdölindustrie in der kapitalistischen Welt 1952 bis 1961, in Mrd. DM

	USA	West-europa	Andere Länder	Kapital. Welt	Gesamt (%)
Förderung	153,5	4,1	57,7	215,3	57
Pipelines	9,2	0,8	8,3	18,3	5
Schiffahrt	3,0	0,1	31,2	34,3	9
Raffinerien	23,3	11,9	17,1	52,3	14
Chem. Anlagen	4,9	3,4	1,0	9,3	2
Vertrieb	16,4	11,4	14,9	12,7	11
Sonstiges	4,4	0,9	2,8	8,1	2
Insgesamt	214,7	32,6	133,0	380,3	100
in Prozent	56,5	8,6	34,9	100	

(Quelle: Schriftenreihe des Ökonomischen Forschungsinstituts bei der Staatlichen Plankommission, Heft 12/1964, S. 34)

Allein eine Zunahme der Erdölförderung um 70 Mill. t in einem Jahr erfordert den Bau von 35 neuen Raffinerien von je 2 Mill. t Jahresdurchsatz. Da die Einrichtung einer Raffinerie ein bis zwei Jahre dauert, müssen laufend etwa 100 Anlagen im Bau sein. Nach der letzten Statistik von Anfang 1963 ist außerhalb der USA der Bau von 113 Raffinerien für 197 Mill. t in 55 Staaten der kapitalistischen Welt beschlossen worden. Rechnet man die Raffinerie nach heutigen Preisen mit 68,— DM je t Kapazität, so sind für die Verwendung von zusätzlich 70 Mill. t Öl pro Jahr fast 5 Mrd. DM Investitionsmittel erforderlich.

Die hohen Profite in der Erdölindustrie ermöglichen es den Konzernen, den enormen Investitionsaufwand überwiegend aus eigenen Mitteln zu bestreiten. Nach einer Berechnung von 35 Ölgesellschaften wurden für den Zeitraum

[1] Ohne Aufwand für Suchtätigkeit, der von 1952 bis 1961 rund 40 Mrd. DM erforderte.

1950/60 57 Prozent der Investitionen aus Abschreibungen sowie Rücklagenverstärkungen und 37 Prozent aus einbehaltenen Gewinnen finanziert. Der Rest entfiel mit 4 Prozent auf langfristige Anleihen und mit 2 Prozent auf neue Aktienemissionen. In den letzten Jahren hat sich die Finanzierung der Zugänge etwas stärker auf Abschreibungen und Neuemissionen verlagert, während der Anteil der einbehaltenen Gewinne zurückging.

Die in der westdeutschen Erdölgewinnung und -verarbeitung beschäftigten Gesellschaften investieren seit 1957 zwischen 600 und 800 Mill. DM jährlich. Eine steigende Tendenz ist zu erwarten. Die Ölindustrie beschäftigt nur 40000 Menschen, aber sie investiert fast ebenso viel wie der Steinkohlenbergbau oder die gesamte Textilindustrie mit ihrem zehnmal größeren Arbeitskräftepotential. Eine sehr hohe Kapitalausstattung pro Arbeitsplatz und eine weit schnellere Kapitalausweitung als in anderen Zweigen zeigt sich hier. Die Kapitalausstattung der Arbeitsplätze stieg im Durchschnitt der Industrie seit 1950 um ein Drittel, in der Ölindustrie jedoch auf das Drei- bis Vierfache. Der Arbeitsplatz in einer Raffinerie kostet heute rund 600000 DM, in der übrigen Industrie dagegen im Durchschnitt 30000 DM. Die Betriebe der westdeutschen Ölindustrie sind heute größtenteils automatisiert. Daher gibt es kaum Rationalisierungsinvestitionen, dafür aber Schaffung neuer Kapazitäten.

Bruttoanlageinvestitionen
der westdeutschen Erdölindustrie

	in Millionen DM Ölförderung	Ölverarbeitung
1950	85	60
1955	220	170
1956	240	230
1957	240	350
1958	250	530
1959	260	450
1960	270	320
1961	300	420

Raffinerie-Kapazität Jahresende

1950	5,1	1958	27,0
1952	8,1	1960	40,5
1954	12,7	1962	46,8
1956	14,8		

(Quelle: Schriftenreihe des Ökonomischen Forschungsinstitutes bei der Staatlichen Plankommission, Heft 12/1964, S. 36)

Im Zeitraum 1964 bis 1967 sollen in Westdeutschland weitere 10 Raffinerien mit einer Durchsatzkapazität von etwa 23 Mill. t jährlich in Betrieb genommen werden.

Bezeichnend für die Investitionstendenzen in der Ölindustrie ist der Umstand, daß die Zulieferer aus dem Stahl- und Maschinenbau heute zu den am besten beschäftigten Investitionsgüterproduzenten gehören.

Neben dem Aufbau neuer Anlagen hat auch der Ausbau bereits bestehender Raffinerien in Westdeutschland große Bedeutung. Dabei werden die neuesten Verfahren in die Produktion aufgenommen. Ein Beispiel dafür ist der Ausbau der Rheinischen Olefin-Werke GmbH. in Wesseling, einem Gemeinschaftsunternehmen der BASF und der Deutschen Shell AG. Die dritte Ausbaustufe erhöhte die Produktionskapazität dieses Werkes, das 1955 die Erzeugung aufnahm, auf 150000 t/a Äthylen zur Herstellung von 130000 t/a Lupolen, dem Polyäthylen der BASF. Damit gehört es zu einem der größten Polyäthylenerzeugern der Welt.

Kernstück dieser Ausbauphase sind eine Äthylenanlage von 75000 t/a — eine der größten Anlagen der Petrolchemie überhaupt — und Erweiterungen zur Produktion von Hochdruck- und Niederdruckpolyäthylen nach neuesten verfahrenstechnischen Gesichtspunkten. Die starke dynamische Entwicklung dieses ersten petrolchemischen Werkes der BRD zeigt die Rolle der Petrolchemie, besonders des Polyäthylen.

Steigerung der Produktionskapazität (t/a)
der Rheinischen Olefin-Werke

1956—1961	Äthylen	Lupolen	Äthyl-Benzol	Epikote-Harze
1. Phase: Produktion Beginn 1955	10000	6000	12000	2000
Ende 2. Phase 1959	50000	45000	12000	2000
Ende 3. Phase 1961	150000	130000	18000	3000

Das Werk ist einer der bedeutendsten Polyäthylen-Produzenten. Der Anteil der ROW an der Weltkapazität von 1,5 Mio t/a beträgt bei Polyäthylen 9%.

Die rationelle Produktion in großen Einheiten und die Kostendegression durch den Großbetrieb in Verbindung mit der Automatisierung und Rationalisierung ermöglichen eine günstige Preisbildung für das Ölprodukt.

In der Ausbauphase seit 1959 wurden rd. 200 Mio DM investiert. Die Gesamtinvestitionen betragen ca. 450 Mio DM, d. h. ca. 250000 DM pro Arbeitsplatz (Ausdruck der kapitalintensiven, weitestgehend automatischen Produktion).

Die 130000 t/a Polyäthylen sind ca. 50% des auf Erdölbasis gewonnenen Polyäthylens der BRD.

Die Anlage zur Produktion der 150000 t/a Äthylen ist weitestgehend automatisiert. In einer Schicht sind ca. 12 Mann beschäftigt. Von den 130000 t/a Lupolen werden ca. 100000 t/a nach dem Hochdruckverfahren hergestellt (hohe Leistungsstärke, Variabilität ...). Das Polyäthylen ist im Begriff, ein Werkstoff wie Holz oder Eisen zu werden.

Wissenschaft, Forschung und Entwicklung in der Chemieindustrie

Die schnelle Entwicklung der chemischen Industrie in Westdeutschland und anderen kapitalistischen Ländern wird in starkem Maße erst durch eine umfangreiche Forschungsarbeit erreicht. Die Forschungsarbeit ermöglicht der Chemie, ständig neue Erzeugnisse für die weiterverarbeitende Industrie und die Endverbraucher auf den Markt zu bringen. Sie schafft sich durch ihre Forschung selbst neue Absatzmärkte auf neuen Einsatzgebieten. Nach Angaben amerikanischer Ökonomen waren 60% der Erzeugnisse der chemisch-pharmazeutischen Industrie der USA, die im Jahre 1959 hergestellt wurden, im Jahre 1955 noch nicht bekannt. Die Farbenfabriken Bayer AG stellen in den Erläuterungen ihres Geschäftsberichtes aus dem Jahre 1963 fest, daß die nach der Währungsreform neu entwickelten Erzeugnisse bereits einen Umsatzanteil von fast 60% erreicht haben. Die weiterverarbeitende Industrie ihrerseits stellt laufend neue Anforderungen an die Chemie, die mit Forschungsaufgaben verbunden sind.

Die rasche Entwicklung im Bereich der chemischen Industrie im Zuge der fortschreitenden Technik und der starke internationale Konkurrenzkampf zwingen die chemische Industrie zu einem hohen Forschungsaufwand.

Forschungskosten in amerikanischen chemischen Betrieben im Verhältnis zum Umsatz

Anzahl der Firmen	Forschungskosten in % zum Umsatz		Wachstum des Umsatzes im Jahre 1960 gegenüber dem Jahre 1950 in %
	1950	1960	
20 Betriebe der chem. Industrie	2,6	3,9	90
9 Betriebe industrieller chem. Prozesse	1,1	7,2	60
6 pharmazeutische Betriebe	5,4	7,2	230
6 erdölverarb. Betriebe	0,5	0,6	260

Die wichtigsten chemischen Betriebe der USA verbrauchten für Forschungszwecke in % vom Umsatz

	1950	1955	1960
Union Carbide Corp.	2,1	4,2	5,5
Du Pont	2,9	4,1	4,5
Allied Chemical Corp.	2,3	2,6	2,8
Eli Lilly	3,5		11,1
Abbot Labor	2,6		6,5

Quelle für die o. a. beiden Tabellen: „Probleme der wissenschaftlichen Forschungsarbeit in der chemischen Industrie" (Veröffentlichung eines polnischen Autorenkollektivs; enthalten in: „Schriftenreihe des Ökonomischen Forschungsinstituts der Staatlichen Plankommission, Heft 13, S. 4 und 6).

Ähnlich wie in den USA ist auch die Situation in den westeuropäischen kapitalistischen Ländern. Für die IG-Farben-Nachfolgegesellschaften wird seit Jahren ein Forschungsaufwand von 4% im Verhältnis zum Umsatz ausgewiesen. Der Forschungsaufwand der Chemieindustrie Westdeutschlands liegt gegenwärtig etwa bei 1 Milliarde DM jährlich. Nach Angaben des „Stifterverbandes für die deutsche Industrie" haben 1962 rd. 60% der westdeutschen Industrieunternehmen 2,1 Milliarde DM für werkseigene Forschung und Entwicklung aufgewandt. Berücksichtigt man, daß der Anteil der chemischen Industrie Westdeutschlands am Gesamtumsatz der Industrie etwa 11% beträgt, so zeigt sich daß die Chemieindustrie wesentlich forschungsintensiver als andere Industriezweige ist.[2]

[2] s. „Volkswirt", Beiheft zu Heft 18, vom 30. 4. 1964, S. 11/12.

In den letzten Jahren erfolgte bei der Forschungsarbeit auf dem Gebiete der Chemieindustrie eine verstärkte Orientierung auf die Grundlagenforschung. Durch die ESSO-AG wird eindeutig festgestellt, daß die großen wirtschaftlichen Durchbrüche mit ihren entscheidenden Wirkungen[3] fast ausschließlich auf dem Wege über die Grundlagenforschung und der dann folgenden Anwendungsforschung gelungen sind. Dieser Konzern beschäftigt rd. 4800 Wissenschaftler und gab 1960 insgesamt 280 Millionen DM für Forschung aus. Den Nutzen dieser Forschungsarbeit während der letzten 10 Jahre beziffert die ESSO-AG mit einem Betrag von 7 Dollar für jeden für Forschungs- und Entwicklungszwecke ausgegebenen Dollar. Der Du Pont-Konzern bezeichnet die Grundlagenforschung, die neue Erkenntnisbereiche erschließt und neue Stoffe entdeckt, als Basis für Wachstum und Entwicklung der Chemieindustrie. Gab dieser Konzern 1962 etwa 245 Millionen Dollar für den Bau von Anlagen und Laboratorien aus und 61 Millionen für reine Forschung, so werden es 1965 insgesamt 330—400 Millionen Dollar sein. Ebenso beeindruckend sind die Ausgaben, mit denen die westdeutschen Konzerne, führend die IG-Farbennachfolger, aufwarten. Dort wurden 1962 84,8 Millionen DM in Forschungseinrichtungen investiert. Dazu kommen 370,3 Millionen DM laufender Forschungsaufwand.

Bei den einzelnen IG-Farbenunternehmungen ergaben sich folgende Aufwendungen:

Farbenfabriken Hoechst	1962	Forschungsausgaben 149 Mio DM, Zahl der Naturwissenschaftler: 2185, davon 900 in den speziellen Forschungs- und Entwicklungsabteilungen (Umsatz: 3 Milliarden DM, Beschäftigte: 53000).
Bayer-Leverkusen:	1962	Forschungsausgaben 145,3 Mio DM, Investitionen in Forschungseinrichtungen 30,8 Mio DM, Naturwissenschaftler: 2100, davon 970 in den speziellen Forschungs- und Entwicklungsabteilungen (Umsatz über 3 Milliarden DM, Beschäftigte über 62000).
Badische Anilin- und Soda-Fabrik	1962	Forschungsausgaben 100 Millionen DM, Investitionen in Forschungseinrichtungen 30 Millionen DM, Gesamtzahl des Forschungspersonals: 6700, davon 700 Naturwissenschaftler in den speziellen Forschungs- und Entwicklungsabteilungen (Umsatz: 2,6 Milliarden DM, Beschäftigte: 56000).

Diese Zahlen treffen nicht nur auf die eigentlichen chemischen Forschungsgebiete zu, sondern auch auf die Forschung und Entwicklung entsprechender

[3] z. B. die erstmalige Verwendung von Treibstoff-Additiven, das katalytische Fließstaubcracken, der Spaltprozeß zur Benzingewinnung und die Erfindung des Butyl-Kautschuks.

Anlagen. Beide Bereiche sind oft gekoppelt. Auch die Firmen und Institute, die sich speziell mit dem Anlagenbau und dessen Entwicklung beschäftigen, weisen eine starke Entwicklung ihrer Forschungskapazität auf. So errichtete die Lummus-Nederland N. V. in 50 Jahren etwa 950 Anlagen, die vor allem in den eigenen Einrichtungen entwickelt worden sind. Ebenso sind den Lurgi-Gesellschaften Forschungsstätten angegliedert.

Die Effektivität der chemischen Forschung muß besonders betont werden. Eine 1961 durchgeführte Befragung einer größeren Anzahl von Chemieunternehmen ergab, daß sich bei 33% der befragten Firmen die Ausgaben für Forschung spätesten nach 3 Jahren rentieren, bei 41% waren es 4—5 Jahre und bei 26% der Firmen 6 und mehr Jahre. Bis zu 85% aller im Laufe eines Jahres in diesem oder jenem Zweig für wissenschaftliche Zwecke verausgabten Mittel haben keinen unmittelbaren ökonomischen Nutzen. Die restlichen 15% bringen jedoch ökonomische Ergebnisse, die die gesamten Ausgaben für die Forschung mehr als decken.

Die Effektivität zeigt sich besonders in der laufenden Entwicklung neuer Verfahren und deren industriellen Anwendung. Die gegenwärtig bereits vor sich gehende Umstellung der Konzerne auf die petrolchemische Basis wird in wenigen Jahren vollzogen sein, wobei man sich auf neueste, z. T. selbst entwickelte Verfahren stützt. So stellt die BASF fest, daß sie sämtliche, für diesen Übergang notwendige Verfahren „fest im Griff" hat[4]; z. B. das entwickelte Verfahren zur Gewinnung von Acetylen aus Erdölspaltprodukten (gegenwärtig erfolgt der Bau einer Anlage mit einer Kapazität von 60000 t). Die I. C. I. (England), der größte europäische Chemiekonzern, hat auf dieses Verfahren eine Lizenz erworben, und zahlreiche andere Firmen bewerben sich darum. Die westdeutschen Anlagefirmen gelten als führend in der Hochdruckhydriertechnik und in der neuesten Zeit auch auf dem Gebiete des Niederdruckverfahrens.

Äußerlich zeigt sich die Effektivität der chemischen Forschung und ihrer Anwendung in beeindruckenden Terminen. Als Beispiel sei die Entwicklung und der Bau des Sandcrackers genannt, der von Bayer-Leverkusen, zusammen mit der Lurgi-Gesellschaft, entwickelt worden ist. Er gilt heute neben der sich entfaltenden Hydrotechnik als modernstes und rentabelstes Verfahren zur Spaltung von Erdöl und Benzin. Es sei außerdem auf Termine solcher Bauten wie der ersten vollelektronisch gesteuerten Raffinerie, der ESSO-Raffinerie bei Karlsruhe (Baukosten 245 Millionen DM, 600000 DM Investitionen pro Arbeitsplatz), hingewiesen:

Baubeginn:	Erdarbeiten	—	Sommer 1961
	Anlagenbau	—	Herbst 1961
Produktionsbeginn:			Dezember 1962

Einige Ursachen für die hohe Effektivität der Forschungsarbeit der Chemieindustrie

a) Enge Zusammenarbeit der verschiedensten Wissenschaftsdisziplinen. Die Forschungsprobleme auf dem Gebiete der Chemie werden in enger Zusammenarbeit mit Wissenschaftlern anderer Fachgebiete gelöst. Ingenieure verschie-

[4] „Chemische Industrie", Düsseldorf, Nr. 3/64.

dener Disziplinen erarbeiten gemeinsam mit den Chemikern die günstigste Verfahrensvariante, bestimmen die rentabelste Variante des Energieverbrauchs und beschäftigen sich mit der Beanspruchung der Werkstoffe durch Druck, Temperatur und Korrosion. Es besteht weiter eine enge Zusammenarbeit mit Physikern, die neben der Mitarbeit in der Verfahrenstechnik auf dem Gebiet der Meß- und Regeltechnik arbeiten. In den letzten Jahren werden in Verbindung mit den Chemikern, Ingenieuren und Physikern in stärkerem Maße Mathematiker und Ökonomen zur Optimierung chemischer Prozesse eingesetzt.

b) Fragen der Konzentration der Forschungsarbeit. Große Aufmerksamkeit findet bei der Organisation von Forschung und Entwicklung in der chemischen Industrie die Konzentration der Arbeit in den entsprechenden Forschungseinrichtungen. So befaßt sich innerhalb der in verschiedenen Ländern betriebenen Forschung der ESSO-AG nur die deutsche ESSO-AG in ihren Laboratorien in Hamburg-Harburg mit der Grundlagenforschung. Ebenso beschäftigt sich nur das deutsche Forschungsinstitut der 22 Shell-Forschungsinstitute mit der Grundlagenforschung. Die Konzentration der Aufgaben zeigt sich vor allem in der Bildung von Zentren innerhalb der Forschung und Entwicklung, die für eine einheitliche gedankliche und methodologische Basis der experimentiellen Tätigkeit sorgen. Zugleich ist der wesentlichste Punkt für die Konzentration der Arbeiten und die Effektivität der Forschung und Entwicklung neben der internationalen Zusammenarbeit die Konzentration der Arbeiten an bestimmten Stellen, von der Entwicklung bis zur fertigen Inbetriebnahme ganzer Anlagen. So arbeiten bei der Lummus-Nederland N. V. die einzelnen Abteilungen eng und miteinander abgestimmt zusammen, so daß der Weg von der Planung bis zur fertigen Anlage sehr verkürzt wird. Das bezieht sich nicht nur auf die eigentlichen Entwicklungs- und Bauabteilungen, sondern auch auf die Frage Angebot, Zeichnungen, Einkauf, Buchhaltung.

Bei den Farbwerken Hoechst sind gleichzeitig neben den eigentlichen chemischen Forschungsgruppen, sozusagen als Querschnittsgruppen, das Hauptlabor und die Gruppe Ingenieurtechnik (die sich wiederum u. a. in die Gruppe Entwicklung, Ingenieurabteilung, Gruppe Verfahrenstechnik gliedert) konzentriert. Dadurch ist eine kurzfristige und gleichzeitig neben der eigentlichen chemischen Forschungsarbeit laufende Anwendung der Forschungsergebnisse gewährleistet. Das hat entsprechende Auswirkungen auf die Stellung dieser Chemiebetriebe im Konkurrenzkampf.

Die ESSO-AG bezeichnet als wichtigste Aufgabe die Vorausberechnungen technischer Vorgänge, die durch die enge Verflechtung und Konzentration der Grundlagenforschung mit der Entwicklungs- und Anwendungstechnik in ihren Forschungslaboratorien in Hamburg besteht.

Die Vorteile der Konzentration der Forschungsarbeiten und deren Anwendung zeigt sich eindeutig bei der Forschungszentrale der ESSO-AG, der „ESSO-Research and Engineering Co.“. Sie koordiniert nicht nur die Forschung der ESSO-AG insgesamt, sondern übernimmt dann auch sich ergebende Aufgaben zur praktischen Anwendung. Dadurch ist natürlich ein enges Wechselspiel zwischen Entwicklung und Ausführung der Anlagen möglich. So lag die Planung der schon erwähnten ESSO-Raffinerie bei Karlsruhe bei der „ESSO Research and Engineering Co.“, die auch die gesamte Koordinierung des Baus in ihrer Hand vereinigte.

c) Spezialisierung der Aufgaben der entsprechenden Institute und Abteilungen der Firmen. Bereits der Aufbau bestimmter Institute, Firmen, Abteilungen zeigt schon äußerlich die weitgehende Spezialisierung. Beispielsweise gliedert sich die Lummus-Nederland N. V. in Angebotsabteilungen, Koordinierungsabteilung, Abt. Verfahrensentwicklung, Abt. Verfahrenstechnik, Abt. Laboratorium und Versuchsanlagen, Abt. Zeichensaal, Abt. Einkauf, Bauabteilung, Abt. Buchhaltung, Betriebs- und Ausbildungsabteilung.

Bei den Farbwerken Hoechst ist die neben den rein chemischen Forschungsabteilungen (wie Anorganica, Farben, Petrolchemie, Kunststoffe usw.) bestehende Querschnittsabteilung „Ingenieurtechnik" wieder gegliedert u. a. in die technische Versuchsgruppe. Diese umfaßt die Gruppe Entwicklung, die Ingenieur-Abteilung und die Gruppe Verfahrenstechnik. Die beispielsweise von der Gruppe Entwicklung zu lösenden technischen Aufgaben werden wiederum entsprechend den o. a. chemischen Forschungsabteilungen unterteilt. Die Ingenieurabteilung bei Hoechst enthält neben den Projektierungsbüros noch das Konstruktionsbüro, das die genaue Aufstellungszeichnung erarbeitet. Angegliedert sind hier spezielle, mit Kaufleuten besetzte „Bestell- und Terminbüros". Sie befassen sich mit Kostenvoranschlägen, Materialbestellung, allen finanziellen Fragen u. ä.

Die weitgehende Spezialisierung bringt tiefgehende Kenntnis über das jeweilige Arbeitsgebiet mit sich. Das bezieht sich auch besonders auf die sog. Querschnittsabteilungen. Lummus betont, daß diese Mitarbeiter über ausgedehnte spezielle praktische Erfahrungen verfügen und mit den örtlichen Verhältnissen und Problemen vieler Länder vertraut sind. Der genaue Überblick über Bezugsquellen, Arbeitsverhältnisse, Vorschriften, verwaltungsmäßige Fragen, Genehmigungen trägt dazu bei, den Weg von der Entwicklung bis zur fertigen Anlage zu verkürzen.

Eine besondere Rolle spielen bei der tiefgehenden Spezialisierung die Abteilungen, die sich mit Fragen der Koordinierung befassen. So erarbeitet bei der Lummus-Nederland N. V. die Abt. Koordinierung das Arbeitsschema. Ausarbeitung, Einkauf, Fertigung und Errichtung werden durch die Zeitplanung aufeinander abgestimmt. Es werden Termine festgelegt, an denen wichtige Zeichnungen fertig, wichtige Ausrüstungsteile angeschafft und in der erforderlichen Reihenfolge bereitgestellt und wesentliche Teile des Baus fertiggestellt sein müssen. Die Abt. Koordinierung kontrolliert die Einhaltung der Termine.

Es ist charakteristisch, daß die Forscher, Techniker, Konstrukteure sich nicht um organisatorische und verwaltungsmäßige Fragen zu kümmern brauchen. Dazu sind spezielle Teams oder auch Abteilungen gebildet worden, die sich mit solchen Fragen, wie der Beschaffung erforderlicher Genehmigungen, Vorschriften, Bezugsquellen, Lizenzfragen, Briefwechsel u. a. befassen. Um den technisch-ökonomischen Höchststand und neueste Fragen in diesem Zusammenhang zu kennen und Doppelarbeit zu vermeiden, wird der Dokumentation und Bibliographie besondere Bedeutung beigemessen. So ist beispielsweise dem Projektierungsbüro der Ingenieurabteilung der Farbwerke Hoechst ein besonderes kaufmännisches Büro angeschlossen, das eine Art Dokumentation betreibt, eine Fachbibliothek verwaltet, alle Versuchs-, Reise- und sonstige Berichte, alle Aktennotizen erfaßt und ordnet. Dort wird auch ein Filmlabor für Fragen der Dokumentation ausgebaut. Umfangreiche Bibliotheken, Dokumentationsstellen, Übersetzerabteilungen gibt es bei allen großen Forschungs- und Entwicklungsinstitutionen.

d) Einfluß der Kombination auf Entwicklung und Forschung. Die chemische Industrie erweist sich als ein außerordentlich günstiger Zweig für eine kombinierte Produktion. Entwicklung und Forschung sind darauf ausgerichtet, eine möglichst komplexe Ausnutzung der Ausgangsrohstoffe zu erzielen und die Erzeugung sowohl der Hauptprodukte als auch der Vielzahl von Nebenprodukten und Abfällen ökonomisch günstig zu steigern. Selbst die Industriegiganten in der Chemieindustrie der führenden kapitalistischen Staaten sind heute nicht mehr in der Lage, auf sich gestellt allein die neuesten Technologien und Verfahren effektiv anzuwenden. Dazu bedarf es der Vereinigung vieler Betriebe in einen einheitlichen technologischen Komplex, der von einem Zentrum aus geleitet wird. Nur dementsprechende neue Leitungsmethoden werden den zukünftigen Maßstäben der Chemieproduktion gerecht werden können. Forschung und Entwicklung werden von diesen Prozessen im Produktionsprozeß der Chemieindustrie wesentlich beeinflußt. Die großen komplexen Kombinate entstehen gegenwärtig vor allem auf der Basis der breiten Anwendung des Erdöls als Rohstoff. Im Rahmen der Produktionskomplexe wird die für die moderne Chemieindustrie notwendige Stufe der Vergesellschaftung des Produktionsprozesses erreicht. Wissenschaftliche Entdeckungen auf den Gebieten der neuesten Technologie und die Anwendung der neuesten Technik treiben die Konzerne zu noch weitergehenden Absprachen und Vereinbarungen untereinander. Die Bedingungen des Konkurrenzkampfes werden härter, und die objektiv gegebenen Widersprüche vertiefen sich bedeutend.

Tendenzen und Perspektiven der kapitalistischen Wirtschaft (1964–1970)+

A. Manukjan ++

Die Einschätzung der langfristigen Perspektiven der wirtschaftlichen Entwicklung der kapitalistischen Hauptländer ist von erstrangigem Interesse. Gleichzeitig ist sie mit großen Schwierigkeiten verbunden: Die Faktoren, die auf den Gang dieser Entwicklung einwirken, sind zu kompliziert und vielfältig. Dazu sind einige Fragen der kapitalistischen Reproduktion der Nachkriegszeit unklar. Jedoch wurden durch die gemeinsamen Bemühungen der marxistischen Ökonomen viele, heute bereits allgemeingültige Thesen ausgearbeitet, die eine wichtige Hilfe für eine jede Arbeit zur Einschätzung der Entwicklungsperspektiven der kapitalistischen Länder darstellen.

So widerlegte das Leben die Behauptung J. W. Stalins, daß sich der Produktionsumfang in den wichtigsten kapitalistischen Ländern verringern wird. Die sowjetischen Ökonomen unterstützten ebenfalls nicht die Versuche zu beweisen, daß die gesamte Nachkriegsentwicklung der Reproduktion in den USA krisenhaften Charakter trägt, daß, wenn es auch unter den Bedingungen des Nachkriegskapitalismus eine gewisses ökonomisches Wachstum gegeben habe, so ausschließlich im Zusammenhang mit der Militarisierung, daß die Weltwirtschaftskrise 1929–1933 das „Etalon" für alle möglichen Krisen sei, oder schließlich, daß jede folgende Krise unbedingt tiefer sein müsse als die vorangegangene. Unter unseren Wissenschaftlern traf man nicht auf die Unterstützung des Bestrebens, ein Gleichheitszeichen zwischen alle Nachkriegskrisen zu setzen. Die sowjetischen Ökonomen gehen weiter von der Einteilung der Krisen in zyklische Krisen, Zwischenkrisen und Teilkrisen aus.

Die These, daß die kapitalistischen Länder nach dem Kriege eine vorübergehende Periode des beschleunigten Entwicklungstempos durchlaufen, das in irgendeiner Weise mit dem Übergang der Landwirtschaft in das Stadium der maschinellen Produktion, wesentlichen Umbildungen in der Struktur der Energiebilanz, der Schaffung einer neuen industriellen Rohstoffbasis, der grundlegenden Erneuerung des Produktionsapparates auf der Basis der neuen Technik unter den Bedingungen der wissenschaftlich-technischen Revolution verbunden ist, besitzt Allgemeingültigkeit.

1 — Hervorragende Aufmerksamkeit ziehen die Perspektiven der USA auf sich. Es verschwand das gewaltige, absolute Übergewicht über alle anderen kapitalistischen Länder, das die USA in den ersten Nachkriegsjahren besaßen. Die Expansion der westeuropäischen und japanischen Monopole auf dem kapitalistischen Weltmarkt führte zu einer gewissen „Verdrängung" der amerika-

+ Veröffentlicht als Diskussionsbeitrag

++ Übersetzung aus: „Weltwirtschaft und internationale Beziehungen", Moskau, Nr. 7, 1964, russ.

nischen Monopole. Jedoch wurden die Quellen ihrer ökonomischen Macht nicht untergraben. Die USA erhalten (und vermehren) ihre ausländischen Investitionen sowie die Einkünfte von ihnen, sie halten ein gewaltiges industrielles und landwirtschaftliches Potential aufrecht sowie ihre technische Überlegenheit. Die USA bleiben die Hauptkraft und die entscheidende Kraft der kapitalistischen Welt.

Als Land, auf das etwas weniger als die Hälfte der Industrieproduktion der kapitalistischen Welt entfällt, übten und üben die USA einen gewaltigen Einfluß auf die Entwicklung der kapitalistischen Reproduktion aus. Jedoch wurde dieser Einfluß auf die Weltwirtschaft in den Jahren 1953—1961 unter den Bedingungen starker Unterschiede zwischen dem Wachstumstempo der Industrieproduktion in den USA einerseits sowie in Kontinentalwesteuropa und in Japan andererseits abgeschwächt. Darüber hinaus war der krisenhafte Rückgang der Industrieproduktion in den USA im Jahre 1954 und 1960/61 von einem merklichen Wachstum der Industrieproduktion in der Mehrzahl der anderen Länder begleitet.

In den kommenden Jahren kann sich die Situation etwas verändern. Für die Periode 1964—1970 muß man eine Annäherung des Entwicklungstempos der USA und Westeuropas erwarten, die nicht auf einer Steigerung des Tempos in den USA, sondern auf seiner wahrscheinlichen Verringerung in Westeuropa und Japan basiert. Das verstärkt die Einwirkung der USA sowohl auf das Wachstumstempo wie auch auf den allgemeinen Zustand der kapitalistischen Weltwirtschaft. Die Resultante der kapitalistischen Weltentwicklung wird sich offensichtlich näher der Entwicklungslinie der Wirtschaft der USA befinden.

In den nächsten 5 bis 7 Jahren werden wahrscheinlich in der Entwicklung der Reproduktion in den Ländern der kapitalistischen Welt gewisse Züge, die für sie in den verflossenen Nachkriegsjahren typisch waren, erhalten bleiben. Insbesondere werden kaum, ungeachtet der allgemeinen Ansammlung von „Brennstoff' infolge der schroffen Verschärfung der Konkurrenz auf den Weltmärkten, des Wachstums der Inflation und der Schwierigkeiten in den internationalen Zahlungsbeziehungen, der Überakkumulation von fixem Kapital und der Verschlechterung der Finanzlage einiger großer Konzerne u. a. m.[1], Krisen solchen Ausmaßes, die zu einem langdauernden Wachstumsstillstand, zu einem langfristigen Fall der Industrieproduktion einer Reihe kapitalistischer Länder führen würden, möglich sein. Für die Nachkriegsperiode wurde wahrscheinlich nur in Argentinien und Belgien im Verlaufe von mehr als einer Jahresperiode ein Fall des industriellen Produktionsindex gegenüber dem früher erreichten Niveau beobachtet.

Gleichzeitig ist es überaus wahrscheinlich, daß in der Periode 1964 bis 1970 einzelne kapitalistische Länder und die gesamte kapitalistische Welt eine Periode der Krise durchschreiten werden, die jedoch kaum ein merkliches Wachstum der Industrieproduktion und des gesellschaftlichen Gesamtprodukts in den sieben Jahren hindern können wird. Für 1964 bis 1970 muß man ein verlangsamtes Wachstumstempo der Wirtschaft einer Reihe kapitalistischer Länder erwarten, besonders derer, deren Entwicklung in der vorangegangenen Etappe auf spezifisch günstigen Faktoren basierte, die in der gegenwärtigen Zeit im wesentlichen

[1] Man kann zum Beispiel auf die Währungsschwierigkeiten und die allgemein wirtschaftlichen Schwierigkeiten Italiens hinweisen, auf die Verschlechterung der Lage des italienischen Konzerns „Montecatini" u. a. m.

ihre Wirksamkeit erschöpften. Dieser Umstand führt zu einer gewissen Verringerung des Wachstumstempos der Industrieproduktion der kapitalistischen Welt im ganzen.

Gibt es jedoch in der kapitalistischen Reproduktion nicht irgendwelche Erscheinungen, die als Ursache für ein beschleunigtes Entwicklungstempo dienen könnten? Entscheidend für die Beantwortung einer solchen Frage ist die Analyse des Marktproblems. In diesem Zusammenhang ist es wichtig, die Haupttendenzen der Akkumulation in den produktiven und unproduktiven Sphären, die Bewegung der Beschäftigung, die Dynamik des Niveaus und der Struktur der individuellen Konsumtion, den sich verändernden Einfluß der Militarisierung auf den Verlauf der Reproduktion, die Entwicklungstendenzen der Internationalen Arbeitsteilung usw. usf. zu klären.

2. — Die produktiven Investitionen befanden sich im Verlauf einer Reihe von Jahren in den wichtigsten kapitalistischen Ländern auf einem sehr hohen Niveau. In der Mehrzahl der Länder fand ein gewaltiges Wachstum der Grundfonds statt. In vielen Zweigen und Ländern entstanden bedeutende Überkapazitäten. Unter diesen Bedingungen wurde eine andauernde Tendenz zur Bremsung des weiteren Wachstums der produktiven Akkumulation unvermeidlich. Eine solche Hemmung bedeutet natürlich nicht die Liquidierung zyklischer Schwankungen — die Vergrößerung der Investitionen in Perioden der Belebung und des Aufschwungs. Doch wenn es in der Vergangenheit Fälle gab, wo die Investitionen in den USA um 22,5 Prozent und in Japan um 34 Prozent jährlich wuchsen, so ist die Wahrscheinlichkeit eines solchen Tempos in der Zukunft sehr gering.

Jedoch bedeutet die Verschlechterung der Bedingungen für die produktive Akkumulation keineswegs eine systematische und besonders starke Verringerung dieser Investitionen. Unter den Bedingungen der wissenschaftlich-technischen Revolution und der äußersten Verschärfung der Konkurrenz, wenn die Einführung eines neuen Prozesses dem „Erstentdecker" eine kolossale Überlegenheit über seinen Gegner gibt, unter den Bedingungen der Akkumulation gewaltiger Geldreserven durch die großen Konzerne bleiben die Investitionen auch in Perioden sich verschlechternder allgemeinwirtschaftlicher Konjunktur relativ hoch.

Die Stagnationstendenzen in der Dynamik des Produktionsvolumens des einen oder anderen Zweiges, sein verlangsamtes Wachstum oder sogar sein Rückgang schließen die Möglichkeiten großer Kapitalinvestitionen nicht aus. Man kann sogar sagen, daß die wachsenden Schwierigkeiten der Realisierung in einem bestimmten Zweig häufig zu einer besonderen Intensität der Modernisierungsprozesse in ihm führen.

Der Anreiz zur Ausnützung der neuen Technik für die Vervollkommnung der Produktionsprozesse, für die Verbesserung der Qualität der Produktion, für die Senkung der Kosten erweist sich häufig als ebensolch mächtiger Faktor zur Aufrechterhaltung eines hohen Investitionsniveaus wie das Bestreben, die Kapazitäten für die Vergrößerung des Umfanges dieser Produktion zu erweitern. Die Modernisierung eines ganzen Zweiges erweitert die Kapazität und verschlechtert die Situation ihrer Ausnutzung; sie verlangt große Investitionen, die sich jedoch rentieren, insofern sie zu einer relativen Senkung der Kosten führen, zu einem ernsthaften Umschwung der Konkurrenz zwischen und innerhalb der Zweige, zur Verringerung der Ausgaben für die Arbeitskraft, wie es zum Beispiel in der Kohlen- und in der Textilindustrie, in der Schwarzmetallurgie und beim Eisenbahntransport der USA der Fall war. Auf diese Weise erweisen sich die ökonomischen Grenzen der Investitionen viel weiter gesteckt, als man erwarten könnte.

Infolge des Zurückbleibens der produktiven Akkumulation engte sich die relative Bedeutung der entsprechenden Investitionen ein, ihre Rolle im gesellschaftlichen Reproduktionsprozeß schwächte sich ab. Besonders profiliert erscheinen diese Tendenzen in den USA nach 1957. Nach Angaben des Wirtschaftsberichts des Präsidenten der USA sanken die privaten produktiven Investitionen in fixes Kapital von 12 Prozent des Bruttonationalprodukts in den Jahren 1947 und 1948 auf 10—11 Prozent in den Jahren 1949 bis 1957 und auf 9 Prozent in den Jahren 1957 bis 1962.

Das durchschnittliche jährliche Wachstum des fixen Kapitals der verarbeitenden Industrie, das 4,3 Prozent in den Jahren 1947 bis 1957 betrug, fiel in den Jahren 1957 bis 1962 auf 1,2 Prozent.[2] Nach Berechnungen von Ökonomen des IMEMO[3] stellte der Anteil der produktiven Akkumulation am Nationaleinkommen der USA (in Preisen von 1954) 1948 — 13,5 Prozent, 1957 — 11,6 Prozent, 1962 — 8,1 Prozent dar. Gleichzeitig war der Zuwachs der unproduktiven Akkumulation äußerst bedeutend. Sowohl in der jeweiligen relativen Bedeutung als auch in der allgemeinen Dynamik der Akkumulation zeigt sich sehr deutlich der Unterschied in der Dynamik der produktiven und unproduktiven Akkumulation.

Der prozentuale Anteil der produktiven Sphäre sank von 45,1 Prozent 1957 auf 36,8 Prozent 1962 und 36,6 Prozent 1963. Sogar in laufenden Preisen überstiegen die Investitionen in dieser Sphäre im Jahre 1963 nicht das Niveau des Jahres 1957 (in den Jahren 1958 bis 1962 lagen sie merklich unter dem Niveau von 1957). Auf diese Weise beruhte das allgemeine Wachstum der Investitionen zwischen diesen beiden Jahren völlig auf ihrem Wachstum in der unproduktiven Sphäre.

Wie die Erfahrung zeigt, kann ein Rückgang der produktiven Investitionen durch ein Wachstum der Investitionen in der unproduktiven Sphäre kompensiert werden.

Tabelle 1

Investitionen in den USA
(Mrd. Dollar, in Preisen der entsprechenden Jahre)

Zweige	1953	1957	1962	1963 (geschätzt)
Industrie, Landwirtschaft, Transport, Verbindung, Energetik	26,51	33,50	32,39	33,82
Handel, Dienstleistungen, Wohnungsbauten und staatliche Bauten	33,13	40,67	55,71	58,21
zusammen	59,64	74,17	88,10	92,03

Quellen: „Statistical Abstract of the United States, 1963"; „Economic Report of the President", January 1964, p. 249.

Die Verringerung der Investitionen in fixes Kapital der produktiven Sphäre kann deshalb noch keine Überproduktionskrise bedeuten, ja noch nicht einmal eine Verringerung des Gesamtumfangs der Investitionen. Aber selbst die gewal-

[2] „Economic Report of the President", January 1963, p. 29.

[3] Abkürzung der russischen Bezeichnung für „Institut für Weltwirtschaft und internationale Beziehungen", einem Institut bei der Akademie der Wissenschaften der UdSSR, Moskau (Anm. d. Übers.).

tige Vergrößerung der Investitionen in der unproduktiven Sphäre verhütete nicht einen Rückgang des durchschnittlichen jährlichen Zuwachses der Investitionen in den USA auf 2,98 Mrd. Dollar in den Jahren 1957 bis 1963 gegenüber 3,63 Mrd. Dollar in den Jahren 1953 bis 1957, und des durchschnittlichen jährlichen prozentualen Zuwachses auf 3,65 anstelle von 5,6.

Eine ähnliche Tendenz beginnt in den letzten Jahren auch in anderen Ländern in Erscheinung zu treten. Als in England in den Jahren 1959 und 1960 und in der BRD in den Jahren 1960 und 1961 sich die Investitionen in der produktiven und unproduktiven Sphäre gleichzeitig erhöhten, war das Wachstum des Gesamtumfangs der Investitionen sehr bedeutend. Zur Zeit, wo ein Wachstum in dem einen Bereich einem Rückgang im anderen entgegensteht, senkten sich die Maßstäbe der Vergrößerung des Gesamtumfanges der Investitionen schroff.

Tabelle 2

Dynamik des physischen Volumens der Investitionen in England
(Veränderungen in Prozent zwischen den ersten Quartalen der entsprechenden Jahre)

	1960 gegenüber 1959	1964 gegenüber 1963 (geschätzt)
Gesamtumfang der Investitionen	+16	+ 3,5
staatliche Investitionen und Wohnungsbau	+17	+10
private Investitionen in die verarbeitende Industrie und öffentliche Unternehmen	+14,5	− 4

Quelle: „The Financial Times", 2. 5. 1964.

Selbst die fortdauernde bedeutende Vergrößerung der staatlichen Investitionen und des Wohnungsbaus war nicht in der Lage, ein schroffes Absinken des Zuwachstempos des Investitionsvolumens zu verhüten. Etwas ähnliches geht in der BRD vor sich. Als an die Stelle einer bedeutenden Vergrößerung der industriellen Investitionen ihr Rückgang trat, wies das Gesamtvolumen anstelle eines Zuwachses von 9,8 Prozent nur noch einen Zuwachs von 3,8 Prozent auf. Auf diese Weise wirken auf dem Gebiet der Akkumulation Kräfte, die die Erweiterung des kapitalistischen Marktes verlangsamen.

Tabelle 3

Investitionen in der BRD
(in Mrd. Mark; in Preisen von 1950)

Jahre	Industrie	Andere Zweige der Volkswirtschaft	Gesamte Volkswirtschaft
1960	12,2	35,8	48,0
1961	13,5	39,2	52,7
1961 zu 1960	+1,3 (+10,7%)	+3,4 (+9,5%)	+4,7 (+9,8%)
1962	13,5	41,5	55,0
1962 zu 1961	0	+2,3 (+6%)	+2,3(+4,4%)
1963 (geschätzt)	13,2	43,9	57,1
1963 zu 1962	−0,3 (−2,2%)	+2,4 (+5,8%)	+2,1 (+3,8%)

Quellen: „Wirtschaftskonjunktur", Nr. 3, 1963, Beilage; „Wirtschaft und Statistik", Januar 1964.

3 — Ähnliche Prozesse finden auch im Bereich der Beschäftigung statt. Der Gesamtumfang der Beschäftigung wächst, denn einem Stillstand im Zuwachs oder sogar einem Rückgang der Beschäftigtenzahl in der produktiven Sphäre steht ihre Vergrößerung in der Dienstleistungssphäre gegenüber. Jedoch führt das Vorhandensein von Stagnationstendenzen in der Dynamik der Beschäftigung in der produktiven Sphäre zu einer schroffen Verlangsamung des Gesamtzuwachses der Beschäftigung, zur Verschlechterung der Situation am Arbeitsmarkt, zur Zunahme der Arbeitslosigkeit.

Sehr vielsagend sind die Daten über die Beschäftigung in den USA.[4] Zwischen 1949 und 1956 stieg die durchschnittliche jährliche Beschäftigung von Lohnarbeitern in den Zweigen der materiellen Produktion (verarbeitende und extraktive Industrie, Bauwesen, Transport und öffentliche Unternehmen) um 3771 tausend, im Bereich des Handels, der Finanzen, der Dienstleistungen und im Staatsdienst um 4860 tausend oder insgesamt in beiden Sphären um 8631 tausend. Zwischen 1956 und 1963 stieg die durchschnittliche jährliche Beschäftigung in der unproduktiven Sphäre sogar stärker als in der vorangegangenen Siebenjahresperiode, nämlich: um 5465 tausend Personen. Doch da im Bereich der materiellen Produktion die Beschäftigung nicht nur nicht stieg im Vergleich zum Jahre 1956, sondern sogar um 691 tausend Personen abnahm (und das angesichts dessen, daß im Jahre 1963, das ein Jahr des Aufschwungs war, die Beschäftigung in den Zweigen der materiellen Produktion das Niveau der Jahre 1958 bis 1962 merklich überstieg), betrug der allgemeine Anstieg der Beschäftigung für die zweite Siebenjahresperiode nur 4774 tausend Personen. Auf diese Weise fand eine jährliche Zunahme von 682 tausend gegenüber 1262 tausend für die erste Siebenjahresperiode statt. Es ist kein Zufall, daß sogar nach offiziellen Angaben der jahresdurchschnittliche Umfang der Arbeitslosigkeit 1963 unter den Bedingungen des Aufschwungs 4166 tausend Personen betrug. Das liegt nur unter den beiden Nachkriegskrisenjahren 1958 (4861 tausend) und 1961 (4806 tausend).

Die Tendenzen in der Dynamik der Beschäftigung, die für die USA typisch sind, darf man nicht unbesehen auf die anderen kapitalistischen Länder ausdehnen. Doch das Zurückbleiben des Beschäftigtenzuwachses in der Sphäre der materiellen Produktion, die massenweisen Entlassungen und den Rückgang der Beschäftigung in einer Reihe großer Industriezweige und im Transportwesen (gar nicht zu reden von der Landwirtschaft) beobachtet man in einer immer größeren Anzahl von Ländern. Die Zahl der Länder nimmt zu, wo die Beschäftigung in der verarbeitenden Industrie, diesem entscheidenden Zweig der materiellen Produktion, ein Zurückbleiben im Vergleich zu den Zweigen der unproduktiven Sphäre aufweist.

Die wissenschaftlich-technische Revolution, die Entstehung und Entwicklung neuer Zweige, die Vertiefung der Arbeitsteilung im Innern eines Landes sowie zwischen den Ländern und der Konkurrenzkampf werden zweifellos die weitere Entwicklung der produktiven Sphäre stimulieren.

Wie auch in der Vergangenheit, werden sich die chemische Industrie, die elektronische Industrie, die Aluminiumindustrie, die Elektroenergie mit einem Tempo entwickeln, das das durchschnittliche Wachstumstempo der Industrie insgesamt übersteigt (wenn auch wahrscheinlich nicht in einem solchen Grade wie früher). Jedoch in den USA, beispielsweise, beträgt der Anteil der genannten

[4] „Economic Report of the President", Januar 1964, p. 237.

Zweige an der Gesamtsumme der Nettoproduktion der Industrie 17 bis 18 Prozent, was um etwas den prozentualen Anteil der übrigen Zweige (Kohlenbergbau), Sägeindustrie, Flugzeugindustrie, Lederindustrie, Schwarzmetallurgie) übersteigt. Insgesamt wird der Einfluß der fortgeschrittenen Zweige auf das allgemeine Wachstumstempo der Industrieproduktion nicht so bedeutend sein wie in der Vergangenheit.

Unter diesen Bedingungen wächst die relative Bedeutung der unproduktiven Sphäre sowohl in den USA als auch in den anderen kapitalistischen Ländern.

Tabelle 4

Index der Beschäftigung (1962, in Prozent)

Land und Basisjahr	Alle Zweige ohne Landwirtschaft	Verarb. Industrie	Land und Basisjahr	Alle Zweige ohne Landwirtschaft	Verarb. Industrie
USA			Österreich		
1953 = 100	110	94 (88)*	1953 = 100	128	130
1957 = 100	105	97 (95)*	1957 = 100	109	107
Kanada			Australien		
1953 = 100	127	100	1953 = 100	118	119
1957 = 100	111	98	1957 = 100	107	106
Norwegen			England		
1953 = 100	113	109	1953 = 100	109	110
1957 = 100	107	104	1957 = 100	104	104
Italien			BRD		
1953 = 100	140	125	1953 = 100	138	145
1957 = 100	120	116	1957 = 100	113	115
Frankreich			Japan		
1953 = 100	108	108	1953 = 100	163	174
1957 = 100	102	102	1957 = 100	129	133

* Für USA = in Klammern ist der Index der Beschäftigung der produktiven Arbeiter in der verarbeitenden Industrie ausgewiesen.

Quellen: „Monthly Bulletin of Statistics", U. N.; „OECD, Statistical Bulletins, General Statistics".

4 — Neben den Veränderungen im Bereich der Akkumulation und der Beschäftigung vergrößert sich das spezifische Gewicht des Teils der Produkte der materiellen Produktion, der in der Sphäre der Dienstleistungen verbraucht wird. Nach Berechnungen von Ökonomen des IMEMO weist der auf Preisen von 1954 basierende gemeinsame prozentuale Anteil der Konsumgüter, materiellen Dienstleistungen sowie der laufenden Materialaufwendungen in der unproduktiven Sphäre und im unproduktiven Bauwesen am gesellschaftlichen Endprodukt der USA, der im Jahre 1953 unter dem Einfluß der starken Steigerung der Rüstungsproduktion und des Ausstoßes an fixem Kapital ein Minimum erreichte, in den folgenden Jahren eine steigende Tendenz auf: 1953 — 74,5 Prozent; 1954 — 76,3 Prozent; 1955 — 76,2 Prozent; 1956 — 75,1 Prozent; 1957 — 74,7 Prozent; 1958 — 78,6 Prozent; 1959 — 78,2 Prozent; 1960 — 77,7 Prozent; 1961 — 79,0 Prozent; 1962 — 78,0 Prozent.

Die Steigerung der relativen Bedeutung der Konsumtionssphäre geht unter Schwankungen vor sich: ihrer wachsenden Rolle in den Krisenjahren (1954, 1958, 1961) steht ihre sinkende Bedeutung in den Jahren des Aufschwungs entgegen (1956—1957, 1960, 1962). Aber auch nach jedem neuen Rückgang erweist sie sich größer als in den dem Charakter der Konjunktur nach analogen vorangegangenen Jahren: im Jahre 1957 höher als im Jahre 1953, im Jahre 1960 höher als im Jahre 1957, im Jahre 1962 höher als im Jahre 1960. Das Verbrauchselement am Endprodukt wächst.

Die Verstärkung der relativen Bedeutung der unproduktiven Sphäre schiebt die Grenzen des Marktes hinaus, verzögert den Prozeß der Verschärfung der Widersprüche zwischen den Produktionsmöglichkeiten und dem Markt, ohne ihn zu beseitigen. Insofern jedoch die Verschärfung der Widersprüche andauert, werden die Länder des entwickelten Kapitalismus den Ausweg in Maßnahmen zur Ausdehnung des Außenmarktes auf den Wegen der Integration und der Spezialisierung der Produktion suchen.

Immer stärker wird sich in diesen Ländern die Notwendigkeit einer bedeutenden Erweiterung der Wirtschaftsverbindungen mit den sozialistischen Ländern und den Entwicklungsländern bemerkbar machen. Es entsteht die Frage: Kann nicht die Sphäre der individuellen Konsumtion die Grundursache für eine ernsthafte Ausdehnung des Marktes sein, ein Faktor für eine bedeutende Beschleunigung des ökonomischen Entwicklungstempos der kapitalistischen Länder? Wie die Daten für die USA zeigen, folgt die Dynamik der Konsumtion dem Lauf der zyklischen Entwicklung, drückt das verlangsamte Tempo der Wirtschaftsentwicklung des Landes aus.

Tabelle 5

Verbrauch pro Kopf der Bevölkerung in den USA
(Ausgaben in unveränderten Preisen, 1953 = 100)

	1954	1955	1956	1957	1958	1959	1960	1961	1962	1963
Ausgaben f. den ges. persönl. Verbrauch*	99,5	105,0	106,7	107,6	106,7	110,9	112,2	112,5	115,9	118,3
Ausgaben für Waren und materielle Dienstleist.**	99,6	103,7	107,5	107,3	104,1	108,3	108,5	107,4	109,8	(112,0)

Quellen: * „Economic Report of the President", January 1964, p. 227.
** Schätzung von Ökonomen des IMEMO.

Das Vorhandensein längerer Perioden, in deren Verlauf der persönliche Verbrauch stagnierte, ist auffallend: 1954, 1956 bis 1958, 1960/61. Selbst das Auftreten einzelner Perioden eines merklichen Verbrauchsanstiegs (1955, 1959, 1962 und 1963) ergibt trotzdem nur ein durchschnittliches jährliches Wachstum des gesamten Verbrauchs für das in der Tabelle 5 angeführte Jahrzehnt von 1,7 Prozent. Die Krisen und Stagnationsperioden, die nach den Aufschwungsperioden, die es 1962 und 1963 gab, auftraten, können in Richtung einer weiteren Senkung des langfristigen durchschnittlichen Wachstumstempos der individuellen Konsumtion einwirken. Hier die ursprüngliche Quelle für die bedeutende Steigerung des Entwicklungstempos der USA-Wirtschaft zu suchen, geht nicht an.

Die Dynamik der Ausgaben für Waren und materielle Dienstleistungen ist noch stockender als für den Verbrauch im ganzen. Ihr prozentualer Anteil an der Gesamtsumme der Ausgaben für die individuelle Konsumtion geht zurück. Das entspricht jenem Prozeß der Veränderung der Beziehungen zwischen der produktiven und unproduktiven Sphäre, der sich ebenfalls aus den Angaben über die Investitionen und die Beschäftigung ergab.

Nur in einigen Ländern, die sich durch ein hohes Entwicklungstempo auszeichnen, erfolgte im letzten Jahrzehnt eine merkliche Steigerung des Arbeitslohns, und das Wachstum der Industrieproduktion konnte sich folglich in einem höheren Grade auf die Erweiterung der individuellen Konsumtion stützen.

Tabelle 6

Index des Reallohns in der verarbeitenden Industrie für 1962 (1957 = 100)

USA	Italien	England	Frankreich	Japan	BRD
107,6	110,8	108,6	107,5	123,5	128,3

Quellen: Schätzung auf Grund von Angaben des monatlichen statistischen Bulletins der UNO und der nationalen Statistiken der entsprechenden Länder.

Die Jahre der starken Verlangsamung des Tempos des wirtschaftlichen Wachstums in England und USA wurden von den Monopolen dazu ausgenutzt, um der Steigerung des Arbeitslohns einen Riegel vorzuschieben. Die sich entwickelnden Inflationstendenzen in Frankreich und Italien machen in bedeutendem Ausmaße die Steigerung des Nominallohns, die die Arbeiter erzielen, zunichte. Im letzten Jahrfünft erfolgte nur in der BRD und in Japan eine merkliche Steigerung des Reallohns. Die westdeutschen Monopole gingen dadurch der Möglichkeit verlustig, ein hohes Akkumulationstempo im Innern des Landes und die Expansion auf den Weltmärkten mit Hilfe eines niedrigen Arbeitslohns zu finanzieren.

Das Wachstum der individuellen Konsumtion in den kapitalistischen Ländern kann eine gewisse Rolle bei der Erweiterung des Marktes spielen, aber sein vermutlicher Einfluß ist begrenzt.

5 — Für die überwiegende Mehrzahl der Länder kann auch die Militarisierung sich nicht als ein Faktor zur Beschleunigung des Tempos der ökonomischen Entwicklung erweisen. Es gab eine Periode, in der sie, zum Beispiel in den USA, eine erstrangige Rolle bei der Entwicklung des Reproduktionsverlaufs spielte. Es genügt zu sagen, daß zwischen 1948 und 1953 der Produktionsindex des Maschinenbaus (einschließlich der Rüstung) um 73 Prozent stieg, ohne Rüstung um 33 Prozent. In dieser Periode wurde eine neue Rüstungsindustrie geschaffen, die Rüstungsproduktion stieg kolossal.

Die Militarisierung in diesen Jahren bedeutete auch die Ansammlung der verschiedensten Rohstoffarten, eine gesteigerte Nachfrage nach Produktionsinstrumenten und Baumaterialien, da unter direktem oder indirektem Einfluß des Wettrüstens die Investitionen wuchsen, sie bedeutete Nachfrage nach Lastkraftwagen, Textilien, Produkten der Lebensmittelindustrie usw. usf. Die Militarisierung war damals im vollen Sinne des Wortes die gemeinsame Angelegenheit aller Monopole, der gesamten herrschenden Klasse.

Das Wettrüsten, wenn es auch im weiteren ein sehr wichtiges Element der allgemeinen und der Militärpolitik des amerikanischen Imperialismus blieb, verlor in den folgenden Jahren zweifellos zu einem bedeutenden Grad seine stimulierende Wirkung für die Wirtschaft der USA.

Auch in den Jahren 1958 und 1961 hatte es eine gewisse „Antikrisen"-bedeutung: Die Produktion des Maschinenbaus einschließlich der Rüstungsproduktion fiel 1958 um 12,7 Prozent, ausschließlich der Rüstungsproduktion um 14,7 Prozent. 1961 erhöhte sich die erste Kennziffer etwas, die zweite fiel. Aber eine einigermaßen ernsthafte Rolle als Faktor des Wachstums der Industrieproduktion in den USA spielt die Militarisierung schon nicht mehr. Bei dem für die letzten Jahre charakteristischen, wahrlich gewaltigen Wachstum der Rüstungsausgaben in den USA überstieg die Kennziffer der Produktion des Maschinenbaus einschließlich der Rüstungsproduktion 1963 das Niveau von 1957 um 18,7 Prozent, ohne Rüstungsproduktion um 23,7 Prozent.

Unter diesen Bedingungen tritt der negative Einfluß der Militarisierung auf die individuelle Konsumtion der Werktätigen, auf das Ausmaß der produktiven Akkumulation, auf die ökonomische Entwicklung des Landes überhaupt immer stärker in Erscheinung und wird immer offensichtlicher. Die Veränderungen in der Militärpolitik und der Politik der Verteilung der Rüstungsaufträge, die Absage der Monopole an eine Reihe von Unterlieferanten, geht gegen die Interessen der „zweiten Garde" der Gesellschaften, die mit der Rüstungsproduktion verbunden sind, und stellt eine spezifische Quelle der Labilität dar.

Der Kreis der amerikanischen Monopole, die unmittelbar an Rüstungsaufträgen interessiert sind, engte sich ein: außer bei den Rüstungs„kern"-betrieben spielen die Rüstungsaufträge eine entscheidende Rolle nur noch für die Monopole der Flugzeugindustrie, der Elektroindustrie, des Schiffbaus und einiger anderer Zweige. Unter anderem dehnt sich die steuerliche Belastung des Gewinns auf alle Gesellschaften aus und beschneidet ernsthaft ihre Reineinkünfte. Hierher rührt die Bereitschaft eines bestimmten Teils der Monopolisten, die Möglichkeit einer teilweisen Kürzung der Rüstungsausgaben zu prüfen, die Bereitschaft, andere Wege der staatlichen Stützung der Nachfrage nach Produkten zu suchen.

6 — Die USA wie auch die anderen kapitalistischen Länder werden danach streben, ihren Außenhandel auszudehnen und dabei die verschiedensten Mittel ausnutzen, insbesondere die gegenseitigen Zollsenkungen. Man muß jedoch unterstreichen, daß jeder weitere Fortschritt auf diesem Gebiet auf die immer stärker werdenden Widersprüche der imperialistischen Mächte stoßen wird und immer schmerzhafter vor sich gehen wird.

Besondere Möglichkeiten einer aktiven Einwirkung auf die Reproduktion beinhalten die ökonomischen Beziehungen der Industrieländer zu den Entwicklungsländern. Das bezieht sich auch auf die USA. Doch um eine ernsthafte Rolle in der ökonomischen Entwicklung der USA zu spielen, muß der Export in die ökonomisch schwachentwickelten Länder wesentlich steigen, muß sich die Summe der Hilfe und Kredite verdreifachen und vervierfachen, der Anteil der Industrie am Export stark steigen, insbesondere der des Maschinenbaus, sich der Kreis der Länder, die Hilfe und Kredite erhalten, vergrößern, müssen die Leihfristen der Kredite und ihr Wert sowie die Kriterien für die Kreditfähigkeit usw. usf. von Grund auf überprüft werden.

Es ist zweifelhaft, ob der Präsident der USA den Weg eines radikalen Bruches mit der gegenwärtigen Politik beschreiten wird, ob ihn der Kongreß in der Politik eines solchen Umschwungs unterstützen wird, ob er die erforderlichen Summen bewilligen wird. In der Vergangenheit bezog der Kongreß eher die Linie einer

Kürzung der Assignierungen für die Wirtschaftshilfe. Die Lage kann sich etwas verändern, wenn die Rüstungsausgaben gekürzt werden.

Es ist auch zweifelhaft, ob man solche Wechsel in der Politik der anderen kapitalistischen Länder erwarten kann. Die neuesten Tendenzen auf dem Gebiet des Kapitalexports werden vielleicht eher zur Abschwächung der Bedeutung der schwach entwickeltne Länder als Absatzmärkte für Produkte der Industrie der USA führen. Bei Aufrechterhaltung eines hohen Niveaus des privaten Kapitalexports für langfristige Investitionen fiel der Anteil der schwach entwickelten Länder an diesen Investitionen in der letzten Zeit stark.

Tabelle 7
Nettokapitalexport aus USA für Direktinvestitionen
(Mill. Dollar)

	1950–1957	1958–1962
In ökonomisch entwickelte Länder*	4573	5451
In Entwicklungsländer	3469	1576

* Kanada, Westeuropa, Japan, Südafrikanische Republik, Australien, Neu-Seeland.
Quelle: „Survey of Current Business".

Auf den Umfang des Kapitalexports in die ökonomisch schwachentwickelten Agrar- und Rohstoffländer wirkte sich die Entwicklung der Rohstoffkrise äußerst negativ aus. Indessen, wie die Berechnungen des Handelsministeriums der USA zeigen, stellt der Kapitalexport aus USA für direkte Investitionen in industriell entwickelte Länder die Quelle für einen jährlichen Warenexport im Belauf von 4 Prozent der Summe des exportierten Kapitals dar, aber in die schwachentwickelten Länder im Belauf von 40 Prozent der entsprechenden Summe.

Das sind die Prozesse, die den Möglichkeiten zur Ausdehnung des kapitalistischen Marktes enge Grenzen setzen. Diese Umstände spielen eine entscheidende Rolle bei der Einschätzung der Entwicklungsperspektiven der kapitalistischen Industrieländer in den Jahren 1964 bis 1970.

7 — Die Wirklichkeit nach dem Kriege bestätigte erneut die These der marxistisch-leninistischen Theorie von der unausbleiblichen Unbeständigkeit und dem zyklischen Charakter der Entwicklung der kapitalistischen Reproduktion.

Die Krise von 1948/49 und die Währungsabwertungen, die den Ausgangspunkt des ersten Nachkriegszyklus darstellten, die Weltkrise von 1957/58, die den Beginn des zweiten Nachkriegszyklus begründete, die Belebung und der Aufschwung in den Jahren 1954 bis 1957 und 1959 bis 1963— das sind die Hauptrichtpunkte der Nachkriegsentwicklung der kapitalistischen Weltwirtschaft, des industriellen Weltzyklus. Die Periode von 1964 bis 1970 erweist sich wahrscheinlich als Zeugin noch einer Weltkrise, die der gegenwärtigen Aufschwungsphase folgen wird.

Offensichtlich wird im wesentlichen auch die nach dem Krieg zu beobachtende Besonderheit in den Erscheinungsformen der Unbeständigkeit der Reproduktion und des zyklischen Charakters ihrer Entwicklung für die verschiedenen Gruppen von Ländern bestehen bleiben.

Für die USA ist nach dem Kriege die Häufung von Krisen charakteristisch. Dieses Land war nicht nur in stärkstem Maße von den zyklischen Weltkrisen 1948/49 und 1957/58 berührt; dort gab es darüber hinaus 1953/54 und 1960/61 lokale Zwischenkrisen.

Die zweite Gruppe von Ländern, zu der man England und Kanada zählen kann, wurde ebenfalls, wenn auch in geringerem Ausmaß als die USA, durch die Weltkrisen berührt. Doch was der Nachkriegsentwicklung der Wirtschaft Englands und Kanadas seinen spezifischen Stempel aufdrückt sind die Stagnationsperioden, die wiederholt das Wachstum ihrer Wirtschaft unterbrachen: England — im Jahre 1952, 1956, 1960 und 1961[5], Kanada — im Jahre 1954, 1957 und 1960.

Die dritte Gruppe, für die ebenfalls die Unbeständigkeit der Reproduktion und ihr zyklischer Charakter typisch sind, umfaßt Japan, Italien, die BRD und Frankreich. Ihre ökonomische Lage spiegelte nicht nur passiv die Weltkrisen wider, sondern erfuhr eine schroffe Verschlechterung auch kraft innerer Ursachen. Eine solche Verschlechterung fand insbesondere ihren Ausdruck in dem äußerst bedeutenden (um das 3- bis 5fache) Rückgang im Wachstumstempo des Gesamtvolumens der Industrieproduktion sowie in dem absoluten Rückgang der Produktion einer Reihe von großen Zweigen in den Teilkreisen. Die übrigen kapitalistischen Länder können auf diese drei Gruppen aufgeteilt werden. So steht Belgien dicht bei den USA, die Schweiz bei Kanada usw.

In der bevorstehenden Siebenjahresperiode wird scheinbar eine Annäherung im Charakter der zyklischen Entwicklung der Wirtschaft der kapitalistischen Länder stattfinden. Jedoch die Unterschiede im Wachstumstempo, die bekannten Besonderheiten des zyklischen Entwicklungsverlaufs der Wirtschaft dieser drei Gruppen von Ländern werden wahrscheinlich im wesentlichen auch für die Jahre 1964 bis 1970 erhalten bleiben.

Im Verlauf vieler Nachkriegsjahre beobachtete man sehr wesentliche Unterschiede im Entwicklungstempo der Wirtschaft der wichtigsten Industrieländer der kapitalistischen Welt. In den Jahren 1953 bis 1962 war das durchschnittliche jährliche Wachstumstempo der Industrieproduktion folgendes: kapitalistische Welt insgesamt — 4,8 Prozent; USA — 2,9 Prozent; Westeuropa — 6,0 Prozent; England — 2,9 Prozent; Frankreich — 7,0 Prozent; BRD — 8,0 Prozent; Italien — 9,3 Prozent; Japan — 14,4 Prozent.

Eine Reihe von Faktoren sicherte die Steigerung des Wachstumstempos der Produktion in einigen Ländern Westeuropas und in Japan. Das waren die Notwendigkeit, die Kriegszerstörungen zu beseitigen; das Zurückbleiben des Arbeitslohns in einzelnen Ländern, das die Konkurrenzfähigkeit ihrer Produkte förderte; geringere Last von Rüstungsausgaben, was zu einer höheren Akkumulationsrate führte; späterer Beginn mit der grundlegenden Erneuerung des Produktionsapparates auf der Basis der neuesten Technik und die Zusammendrängung der Fristen dieses Prozesses; die Intensivierung der Prozesse der Produktion und des Austauschs auf der Grundlage der Integration und Spezialisierung usw.

Im letzten Jahrzehnt entwickelten sich in den USA schnell die chemische und elektronische Industrie, die Produktion von Elektroenergie und Aluminium. In der BRD entwickelten sich neben der wachsenden Produktion in den gleichen Zweigen mit schnellem Tempo auch die Autoindustrie und die Erdöl verarbeitende Industrie, die Produktion von langlebigen Konsumgütern, Zweige, die im Vorkriegsdeutschland sehr schwach entwickelt waren. In Japan wuchs neben allen angeführten Zweigen mit schnellem Tempo ein so wichtiger Zweig wie die Schwarzmetallurgie: in den letzten zehn Jahren vervierfachte sich die

[5] Das Bulletin des westberliner Instituts für Konjunkturforschung (vom 29. November 1963, S. 221) spricht sogar von einer dreijährigen Stagnation in England (1960 bis 1962).

Stahlschmelzung in Japan und in den letzten vier Jahren verdoppelte sie sich beinahe. Japan erwies sich in dieser Hinsicht auf dem Niveau Westdeutschlands und ist Belgien—Luxemburg, Frankreich und England voraus.

Auf diese Weise erfolgte während des verflossenen Jahrzehnts eine Annäherung der Industriestruktur der wichtigsten kapitalistischen Länder, die Schaffung eines Komplexes von Zweigen in ihnen, die für ein modernes, hochentwickeltes Industrieland charakteristisch sind. Allein bereits aus diesem Grunde ist die Annäherung des Tempos ihrer zukünftigen Entwicklung wahrscheinlich. Ein anderer wichtiger Grund ist die allmähliche Abschwächung des Einflusses der Faktoren, die in den verflossenen Jahren das starke Auseinanderfallen im Wachstumstempo der Industrieproduktion der größten kapitalistischen Länder bedingten.

8 — Von der Wahrscheinlichkeit einer Annäherung des Tempos der zukünftigen Entwicklung zeugen auch alle in den wichtigsten kapitalistischen Ländern veröffentlichten Einschätzungen der Perspektiven ihrer Wirtschaft. Es gibt fast kein Land, wo nicht eine staatliche oder halbstaatliche Organisation existiert, die sich mit der Analyse der Ergebnisse der vergangenen und der Perspektiven der zukünftigen ökonomischen Entwicklung beschäftigt. Natürlich kann es keinerlei Sicherheit für die unbedingte Richtigkeit der von ihnen gegebenen Einschätzungen des zukünftigen Entwicklungstempos geben. Es sind hier durchaus überhöhte Prognosen aus politischen und propagandistischen Gründen möglich.

Doch muß man dabei berücksichtigen, daß Fehler in den Einschätzungen ernsthafte Fehlberechnungen auf dem Gebiet der Kredit- und Haushaltspolitik, auf dem Gebiet des großen Energie-Bauwesens sowie auf einer Reihe anderer Gebiete nach sich ziehen, und ein Zurückbleiben hinter den vorgegebenen überoptimistischen Prognosen wird einen negativen politischen Effekt haben. Darum kann man für kurze Perioden, in deren Verlauf keine Gründe bestehen, einen besonders krassen Umschwung in den Entwicklungstendenzen zu erwarten, den Einschätzungen der offiziellen Regierungsorgane ein gewisses Vertrauen entgegenbringen. Von Interesse sind die offiziellen Einschätzungen der Dynamik des gesellschaftlichen Produkts, die es zum Beispiel für die Länder der EWG gibt. Etwas andere Zahlen werden in der Veröffentlichung der halboffiziellen westeuropäischen Gesellschaft für die Aufstellung ökonomischer Prognosen „ASEPELT" angeführt (s. Tabelle 9).[6]

Tabelle 8

Durchschnittliches jährliches Wachstumstempo des Bruttosozialprodukts (in Prozent)

	1950—1955	1955—1960	1960—1970
BRD	9,05	6,2	3,9 —4,2
Belgien	3,3	2,45	3,45—3,85
Frankreich	4,45	4,2	4,5 —4,95
Italien	5,95	5,85	5,25—5,85
Niederlande	5,6	4,15	4,15—4,6
Gesamte EWG	6,2	5,1	4,3 —4,75

Quelle: „Die Aussichten der Wirtschaftsentwicklung in der EWG von 1960 bis 1970. Bericht einer Arbeitsgruppe", 1962, S. 70—77.

[6] Anm. d. Übers.: „Association scientifique européenne pour la prévision économique à moyen et à long terme". Gegründet 21. März 1961.

Obgleich die Kennziffern des wahrscheinlichen Wachstums des gesellschaftlichen Produkts nicht unmittelbar mit den von uns weiter unten angeführten Einschätzungen der Perspektiven der Industrieproduktion vergleichbar sind, ist es charakteristisch, daß auch diese Zahlen von einer wahrscheinlichen Verringerung des Tempos des wirtschaftlichen Wachstums in einer Reihe von Staaten und auf dieser Grundlage einer allgemeinen Annäherung des Entwicklungstempos der kapitalistischen Hauptländer sprechen.

Tabelle 9

Durchschnittliches jährliches Wachstum des Bruttonationalprodukts (in Prozent)

	Belgien	Frankreich	Italien	Niederlande	Schweiz	England	BRD*
1950–1960	2,95	5,0	5,7	4,95	4,6	2,6	9,6
1960–1970	3,35	5,0	4,4	4,8	3,0	2,4–2,75	7,0

* Industrieproduktion.

Quelle: „Europe's Future in Figures", Amsterdam, 1962, S. 370.

Der Leiter der „ASEPELT", R. C. Geary, schreibt: „In den Ländern, wo das Entwicklungstempo in den Jahren 1950 bis 1960 hoch war, bleibt es auch zukünftig hoch; dort jedoch, wo es niedrig war, wird es auch niedrig bleiben. Jedoch in zwei Ländern – in der BRD und in Italien –, wo das Entwicklungstempo in den Jahren 1950 bis 1960 am höchsten war, wird seine Verringerung während des bevorstehenden Jahrzehnts erwartet."

In den USA gibt es analoge Einschätzungen in der Veröffentlichung „Ressourcen im zukünftigen Amerika". Für die Industrieproduktion wie auch für andere Kennziffern geben die Autoren drei Vorausschätzungen für die Jahre 1960 bis 1970 an: eine minimale – durchschnittliches jährliches Wachstumstempo von 3,2 Prozent, eine mittlere – von 4,3 Prozent und eine maximale – von 5,35 Prozent. (Tab. 10. S. 256)

Die Mitarbeiter des Institutes für Weltwirtschaft und internationale Beziehungen der Akademie der Wissenschaften der UdSSR kamen auf Grund einer Untersuchung zu folgenden höchst vorläufigen Schätzungen für das wahrscheinliche durchschnittliche jährliche Wachstumstempo der Industrieproduktion in den kapitalistischen Hauptländern für die Jahre 1964 bis 1970 (in Prozent): USA – 2,75 bis 3,25[8]; England – 2,2 bis 2,5; Frankreich –

[7] In der Vergangenheit wurde das wahrscheinliche durchschnittliche jährliche Wachstumstempo der Industrieproduktion der USA bei uns auf 2 Prozent und auf 2,5 Prozent geschätzt. Diese Schätzungen gingen von dem durchschnittlichen jährlichen Wachstumstempo entsprechend dem *alten* Index der Industrieproduktion aus, der zum Beispiel die Elektroenergetik und die Gaswirtschaft von 1953 bis 1956/57 nicht einschloß. Heute nach dem *neuen* Index des Federal Reserve Systems der USA wird das faktische Wachstumstempo für 1953 bis 1956 mit 3,5 Prozent, für 1953 bis 1957 mit 2,5 Prozent, für 1953 bis 1960 mit 2,5 Prozent, 1953 bis 1961 mit 2,4 Prozent, 1957 bis 1959 mit 2,4 Prozent, 1957 bis 1960 mit 2,6 Prozent, 1957 bis 1961 mit 2,2 Prozent, 1957 bis 1962 mit 3,25 Prozent, 1957 bis 1963 mit 3,55 Prozent, 1953 bis 1962 mit 2,9 Prozent, 1953 bis 1963 mit 3,1 Prozent bestimmt. Der neue Index der Industrieproduktion wurde in der größten ökonomischen Zeitschrift „American Economic Review" einer Kritik durch Victor Perlo unterzogen, der nachwies, daß dieser Index das jährliche Wachstum um beispielsweise 0,83 Punkte zu hoch ausweist.

Man weist auch darauf hin, daß die analoge Kennziffer in der Statistik des Sozialprodukts einen geringeren Prozentsatz des Wachstums angibt als der Index der Industrieproduktion. Die Kritik von Perlo begegnete Einwänden. Darüber hinaus versuchen die Urheber des Index zu beweisen, daß die Kennziffern des Sozialprodukts in Richtung einer Erhöhung überprüft werden müssen. Unabhängig vom Ausgang dieser Polemik müssen wir, wenn wir heute die Perspektiven der Industrieproduktion der USA einschätzen, den Einfluß des hohen Wachstumstempos der Produktion von Elektroenergie und Gas auf die Dynamik des Gesamtumfangs der Industrieproduktion in den USA in Rechnung stellen. Es genügt zu bemerken, daß unter ihrem Einschluß der Index für das Jahr 1957 (auf Basis der Jahre 1947 bis 1949) 151,8 betrug, ohne sie — 149,0. Der prozentuale Anteil der Elektroenergetik und der Gaswirtschaft an der Industrieproduktion der USA im Jahre 1957 war gleich 4,96 Prozent. Außerdem war die Dynamik der Produktion zwischen 1953 und 1957 im Zusammenhang mit der in dieser Periode stattgefundenen relativen Verringerung der Rolle der Rüstungsproduktion, was sich senkend auf die Bewegung des industriellen Produktionsindex auswirkte, nicht charakteristisch genug, um Schätzungen für die Zukunft vorzunehmen. Dieser senkende Einfluß verschwand, sobald die Verringerung der Rolle der Rüstungsproduktion aufhörte. Andererseits, bei der Einschätzung der Perspektiven der betrachteten Siebenjahresperiode wäre es unvorsichtig, sich von dem durchschnittlichen Tempo der Jahre 1957 bis 1963 leiten zu lassen, angesichts jener außerordentlichen Rolle, die die Aufschwungsjahre 1962 und 1963 hier spielten. Charakteristischer sind Durchschnitte für lange Zeiträume, für ganze Zyklen. Der Durchschnitt für das letzte Jahrzehnt ist jedoch gleich 3 Prozent, die wir auch für die Jahre 1964 bis 1970 annehmen.

4,5 bis 5,5; BRD — 4,5; Italien — 6; Japan — 7 bis 9. Im folgenden wurde für die Berechnungen für USA ein Wachstumstempo von 3 Prozent vorausgesetzt, für England von 2,5 Prozent, für die BRD von 4,5 Prozent, für Frankreich von 4,5 bis 5,5 Prozent, für Italien von 6 Prozent, für Japan von 7 Prozent. Für die kapitalistische Welt im ganzen kann das Wachstumstempo mit 3,85 Prozent bestimmt werden, für Westeuropa mit 4,5 Prozent.

Der Vergleich der Kennziffern für die Jahre 1961, 1963 und 1970 führt zu einigen wichtigen Schlußfolgerungen, insbesondere hinsichtlich der USA. Die Tendenz zur Verringerung des prozentualen Anteils der USA an der kapitalistischen Wirtschaft existiert weiterhin, doch ist offensichtlich ein „Festigkeitspunkt" erreicht, nach welchem ein weiterer Rückgang ihres prozentualen Anteils unter verlangsamtem Tempo vonstatten gehen und manchmal (1962 bis 1963) durch eine geringe Vergrößerung ersetzt werden wird. Man darf nicht denken, daß die Verlangsamung des Entwicklungstempos der USA-Wirtschaft ein ununterbrochener und ständiger Prozeß ist, der nicht durch Perioden zeitweiliger Beschleunigung abgelöst werden kann. Es ist bezeichnend, daß in den letzten Jahren der Anteil der USA am Weltexport faktisch ebenfalls aufhörte zurückzugehen. Die Gegenüberstellung der Dynamik von Produktionsausstoß und Reallöhnen in der verarbeitenden Industrie der kapitalistischen Länder deckt die Quellen für die zunehmende Konkurrenzfähigkeit der USA-Monopole auf (Tab. 11, S. 256).

Dem Wachstumstempo der Arbeitsproduktivität nach befinden sich die USA nach 1957 nicht nur vor England, sondern auch vor der BRD und bleiben nicht mehr so weit hinter Japan und Frankreich zurück. Dabei steigt der Produktionsausstoß in den Jahren 1957 bis 1962 dort nicht nur schneller als der Reallohn, sondern auch als der Nominallohn, der in den USA für das gleiche Jahrfünft nur um 15,7 Prozent stieg gegenüber 22 Prozent in England und

Tabelle 10
Indices der Industrieproduktion
(1958 = 100)

	1938	1948	1953	1957	1959	1960	1961	1962	1963*	1970*
Kapital. Welt	42	61	(85)	102	110	118	122	130	136	177
Westeuropa	53	52	75	98	106	116	122	127	133	181
EWG	51	40	69	97	106	118	125	132	138	
Frankreich	51	51	67	96	101	110	116	123	129	176—188
BRD	51	27	66	97	107	119	126	132	136	179—191
Italien	43	44	70	96	111	128	142	156	170	255
Belgien	64	78	86	106	104	111	116	122	130	
England	67	74	89	101	105	112	114	115	119	142
Österreich	39	36	66	98	106	117	123	125	130	
Schweiz	52	74	83	98	106	117	120	122	125	
USA	33	73	97	107	113	116	117	126	133	163
Kanada	32	62	84	101	108	108	112	121	127	
Japan	57	22	60	99	124	156	186	201	219	351

* Schätzung.

Quellen: „Monthly Bulletin of Statistics" U. N.; May 1964; „Statistical Yearbook, 1962", U. N., 1963.

Tabelle 11
Dynamik des Produktionsausstoßes und des Arbeitslohns in der verarbeitenden Industrie (Indices für 1962, 1957 = 100)

	USA	England	Frankreich	BRD	Italien	Japan
Produktionsausstoß pro Beschäftigten	121,6	110,2	130,7	119,5	140,6	129,3
Reallohn	107,6	108,6	107,5	128,3	110,8	123,5

Quelle: Monatliche statistische Bulletins der UNO.

44 Prozent in der BRD. Es ist jedoch wenig wahrscheinlich, daß sich die Arbeiterklasse der USA auch weiterhin mit einem derartigen Zurückbleiben im Wachstumstempo des Arbeitslohns zufrieden geben wird.

Bei dem von uns erwarteten Verhältnis des Wachstumstempos des Volumens der Industrieproduktion wird Westeuropa seinem prozentualen Anteil an der Industrieproduktion der kapitalistischen Welt nach auch 1970 noch hinter den USA zurückstehen, obgleich es sich ihnen nähert.

Die Erhöhung des Anteils der BRD und Frankreichs wird unbedeutend sein im Unterschied zu Italien und Japan, die auch weiter ihre Rolle in der Industrieproduktion der kapitalistischen Welt vergrößern können, sich zunächst Frankreich und sodann England nähernd.

Das relativ langsame Wachstumstempo der Industrieproduktion in den USA drückt zweifellos auch dem allgemeinen Entwicklungstempo der Wirtschaft der kapitalistischen Welt seinen Stempel auf.

Die für die Nachkriegsperiode charakteristische zeitweilige Beschleunigung des Wachstumstempos der Industrieproduktion und die Steigerung der Akkumulatioinsrate werden für die einzelnen kapitalistischen Länder und für die kapitalistische Welt im ganzen immer mehr eine Sache der Vergangenheit werden.

UMSCHAU

Entwicklungstendenzen der kapitalistischen Wirtschaft im 1. Halbjahr 1964

Die kapitalistischen Industrieländer – die fast 90 Prozent der Industrieproduktion aller Staaten des kapitalistischen Weltsystems auf sich vereinigen – verzeichneten im 1. Halbjahr 1964 überwiegend ein anhaltendes wirtschaftliches Wachstum. In einigen Ländern treten die typischen Kennzeichen einer Hochkonjunktur – starke Zunahme der Produktion, ausgedehntes Kreditvolumen und steigende Preise – deutlich in Erscheinung. Ein Kennzeichen der gegenwärtigen Entwicklung ist auch eine Zunahme der Investitionstätigkeit unter anderem in den USA, in Westdeutschland und in Großbritannien, wo die wirtschaftliche Aktivität in den letzten Jahren vornehmlich von der Vergrößerung der Staatsausgaben und bis zu einem gewissen Grade auch von der Zunahme des individuellen Verbrauchs getragen wurde.

Der Außenhandel der kapitalistischen Länder hat sich – der bisherigen Entwicklungstendenz entsprechend – im 1. Halbjahr 1964 weiter relativ schnell ausgedehnt. Dabei hat der Warenaustausch zwischen den Industrieländern wiederum schneller zugenommen als der Handel zwischen Industrieländern und Entwicklungsländern. Der protektionistische Charakter der EWG führte erneut zu einem überdurchschnittlich schnellen Anstieg des Handels der EWG-Länder miteinander.

I. Allgemeiner Überblick

Die in der nachfolgenden Aufstellung genannten Zuwachsraten der Industrieproduktion für die Jahre 1962 und 1963 und das 1. Halbjahr 1964 (in Prozent) zeigen, daß die bedeutendsten kapitalistischen Industrieländer gegenwärtig ein schnelles Entwicklungstempo ihrer Wirtschaft aufweisen. Die schon in den voraufgegangenen Jahren zu beobachtende Tendenz, daß sich in der gegenwärtigen Periode der kapitalistischen Entwicklung das Wachstumstempo der sozialistischen und kapitalistischen Länder nur wenig unterscheidet, hielt auch 1964 an. Einige sozialistische Länder verzeichnen in der Gegenwart ein etwas geringeres Entwicklungstempo als in früheren Jahren, da sie teilweise gewisse Wachstumsschwierigkeiten zu überwinden haben bzw. im Interesse einer künftigen kontinuierlichen Zunahme der Produktion wesentliche Veränderungen der Struktur ihrer nationalen Wirtschaften vornahmen, die sich aus dem raschen wissenschaftlich-technischen Fortschritt ergeben (Tab. S. 258 oben).

In einigen Ländern wurden die industriellen Zuwachsraten des 1. Halbjahres 1964 noch von den Auswirkungen des harten Winters 1962/63 beeinflußt, die im 1. Quartal 1964 zu besonders hohen Zuwachsraten führten.

Bei der Feststellung des gegenwärtig weitgehend angeglichenen Entwicklungstempos sozialistischer und kapitalistischer Länder sollte jedoch im Auge behalten werden, daß es sich in der Gegenwart um eine Periode relativ günstiger Entwicklung für die kapitalistischen Länder handelt, während sich in der langfristigen Tendenz die kapitalistische Wirtschaft wesentlich langsamer ausdehnt als die der Staaten mit sozialistischem Gesellschaftssystem. Daneben sei jedoch wiederum darauf hingewiesen, daß die maßgeblichen Wirtschaftskreise der kapitalistischen Länder bedeutende Anstrengungen machen, um mit verschiedenen staatsmonopolistischen Mitteln das Wirtschaftswachstum in ihren Ländern aufrechtzuerhalten bzw. zu beschleunigen

	1962 (Jahr)	1963 (Jahr)	1964 (1. Halbjahr)
Sozialistische Länder:			
Sowjetunion	+ 9,5	+ 8,5	+ 7,5
Polen	+ 8,4	+ 4,7	+ 8,8
DDR	+ 6,1	+ 4,9	+ 5,7
ČSSR	+ 6,1	– 0,6	+ 4,5
Ungarn	+ 9,0	+ 7,0	+10,6*
Rumänien	+14,7	+12,5	+16,0**
Bulgarien	+11,0	+10,0	+12,9
Kapitalistische Länder:			
USA	+ 7,3	+ 5,0	+ 7,1
Westdeutschland	+ 4,9	+ 3,8	+ 9,1
Großbritannien	+ 0,9	+ 3,7	+ 8,0
Japan	+ 8,3	+ 7,9	+20,7
Frankreich	+ 4,4	+ 5,2	+ 9,8
Italien	+ 9,9	+ 8,1	+ 3,7
Belgien	+ 5,6	+ 6,1	+ 8,9
Niederlande	+ 3,8	+ 3,9	+ 8,3
Schweden	+ 6,4	+ 4,4	+ 7,0*
Kanada	+ 7,6	+ 5,3	+10,0*

* Jeweils Januar–Mai
** Jeweils Januar–März

und so der Herausforderung zum ökonomischen Wettbewerb mit dem Sozialismus besser als bisher zu begegnen. Wenn auch die dabei zu erwartenden Ergebnisse – schon wegen des kapitalistischen Profitstrebens als der Triebfeder einer ungleichmäßigen und disproportionierten Entwicklung – nicht überschätzt werden sollten, haben diese staatsmonopolistischen Maßnahmen in einigen Ländern dennoch gewisse Erfolge gehabt, die sich auf die allgemeine wirtschaftliche Entwicklung stabilisierend bzw. fördernd auswirken.

Zeigen die Zuwachsraten die Veränderung des Niveaus der industriellen Produktion gegenüber der vergleichbaren Vorjahreszeit an, so ist die konjunkturelle Entwicklung in den einzelnen Ländern besser aus der Bewegung der von Saisoneinflüssen bereinigten Indexzahlen zu ersehen. Wir sehen davon ab, die dabei angewandte Methode kritisch zu untersuchen, weil diese saisonbereinigten Zahlen nach den bisherigen Erfahrungen die Entwicklungstendenzen der Industrieproduktion in den kapitalistischen Ländern im ganzen zutreffend widergespiegelt haben (Industrieproduktion 1953 = 100).

	1963				1964		
	I	II	III	IV	I	A	M
USA	132	136	138	139	140	142	143
Westdeutschland	199	207	207	213	221	212	229
Großbritannien	130	134	137	140	144	143	143
Japan	327	337	361	376	391	395	402
Frankreich	189*	204	202	211	215	217	216
Italien	232	243	239	251	250	247	
Belgien	144	153	152	157	161	162	
Schweden	148	151	152	158	162	165	
Kanada	148	150	151	158	164	167	

* Im I. Quartal drückten umfangreiche Streiks die Indexzahl herab.

Besonders hervorzuheben ist das kontinuierliche Wachstum in den USA, während die Entwicklung in Großbritannien nach einem zügigen Aufschwung im Verlauf des Jahres 1963 wieder stärker der Stagnation zuneigt. In Italien hat die Inflation etwa seit dem Herbst vorigen Jahres die weitere Zunahme der Produktion behindert.

Die anhaltende Konjunktur ist nach wie vor von einer Kreditwelle begleitet. Das Streben nach Profit führt zu einer Ausdehnung der Produktionskapazitäten, Dienstleistungsbetriebe usw., die mangels ausreichenden Eigenkapitals zu einem bedeutenden Teil mit Krediten finanziert werden. Die folgenden Angaben sind zwar nicht von Land zu Land vergleichbar, da es sich jeweils nicht um Kredite von Banken gleichen Typs handelt (es sind teilweise auch andere Finanzinstitutionen einbezogen), sie bringen jedoch die Tendenz der Kreditentwicklung ausreichend zum Ausdruck (Angaben für das Ende des jeweiligen Zeitraums).

		USA (Mrd. Dollar)	Westdt. (Mrd. DM)	Großbrit. (Mill. Pfd. Str.)	Frankr. (Mrd. Fr.)	Italien (Mrd. Lire)	Japan (Mrd. Yen)
1960		116,7	116,3	3229	62,0	7259	15913
1961		123,9	135,8	3209	73,3	8701	19294
1962		137,9	154,6	3506	87,6	10542	23479
1963	I	136,4	158,3	3839	85,7	10868	24873
	II	143,1	164,4	3901	90,1	11481	25988
	III	146,0	168,3	3938	90,7	11940	27466
	IV	153,9	173,9	3961	98,3	12755	29251
1964	I	152,8	176,8	4216	96,6	12572	30294
	A	154,7	178,4	4215	98,8	12538	
	M	155,4		4242	96,6		

Quelle: Main Economic Indicators, Paris, Juli 1964; Economic Statistics Monthly, Tokio, Juli 1964.

Welches relative Tempo die Ausweitung der Kredite in den bedeutendsten kapitalistischen Ländern aufweist, zeigt sich, wenn man die Zunahme der Kredite innerhalb eines Jahres bis zum Ende des I. Quartals 1964 der Zuwachsrate der Industrieproduktion für das 1. Halbjahr 1964 gegenüberstellt. Obgleich dies ein sehr überschlägiger Vergleich ist, tritt die „Überhitzung" der Konjunktur durch die Kreditwelle deutlich hervor (Prozent):

	Kredite	Industrieproduktion
USA	+12,0	+ 7,1
Westdeutschland	+11,7	+ 9,1
Großbritannien	+ 9,8	+ 8,0
Frankreich	+12,7	+ 9,8
Italien	+15,7	+ 3,7
Japan	+21,8	+20,7

In allen genannten Ländern ist das Kreditvolumen schneller ausgedehnt worden als die Produktion, vor allem in Italien, Frankreich und den USA. Diese inflationäre Tendenz zeigt sich auch bei der Entwicklung der Verbraucherpreise (1953 = 100) (s. 1. Tab. S. 260).

Der kapitalistische Welthandel entwickelte sich in den letzten Jahren folgendermaßen (Export in Millionen Dollar; in Klammern darunter Veränderung gegenüber der gleichen Vorjahreszeit in Prozent)* (s. 2. Tab. S. 260).

Die Beschleunigung der Ausdehnung des Exports der kapitalistischen Industrieländer entspricht der allgemeinen Tendenz der gegenwärtigen konjunkturellen Entwicklung. Obgleich der Austausch der Industrieländer untereinander überdurchschnittlich schnell

	USA	WD	GB	Fr.	It.	Jap.
Ende Juni 1963	114,4	122,1	133,6	151,4	132,0	123,3
Ende Dez. 1963	115,5	123,2	134,0	154,6	136,2	122,2
Ende Juni 1964	115,7**	125,0	138,1	155,8**	139,2**	126,2

* Japan: 1960 = 100.
** Ende Mai 1964.
Quellen: Main Economic Indicators, Paris, Juli 1964; Economic Statistics Monthly, Tokio, Juli 1964.

		Kapitalistische Industrieländer* davon in **:			Entwicklungsländer Gesamt
		Gesamt	andere Ind.-länder	Entwicklungsländer	
1963	I	21857 (+2,4)	13410 (+3,3)	6054 (−0,7)	9153 (+4,0)
	II	24283 (+7,8)	15006 (+9,5)	6561 (+4,4)	9597 (+10,4)
	III	23607 (+10,4)	14607 (+11,8)	6375 (+8,9)	9642 (+13,4)
	IV	26872 (+14,5)	16689 (+15,2)	7230 (+12,9)	9953 (+11,3)
1964	I	25805 (+18,1)	16080 (+19,9)	6996 (+15,0)	10095 (+10,3)

* Westeuropa, Nordamerika, Japan.
** Ohne Japan.
Quelle: General, Statistics, Paris, Juli 1964.

zugenommen hat, deutet die Steigerung des Exports in Entwicklungsländer darauf hin, daß die den ökonomisch schwachen Ländern für Importe zur Verfügung stehende Kaufkraft in letzter Zeit zugenommen hat. Dies ist unter anderem auf eine Steigerung der Preise auf einigen Rohwarenmärkten zurückzuführen, wodurch die ökonomische Situation dieser Länder etwas verbessert wurde.

Innerhalb der Gruppe der kapitalistischen Industrieländer setzen die Mitgliedsländer der EWG ihre in der Tendenz protektionistische Entwicklung fort. (Export in Millionen Dollar; darunter in Klammern die Veränderung gegenüber der gleichen Vorjahreszeit):

	1962 (Jahr)	1963 (Jahr)	1964 (Jan.–Mai)
Export gesamt	34198,5 (+6)	37545,2 (+10)	17135,1 (+14)
davon:			
in EWG-Länder	12562,9 (+14)	15925,2 (+17)	7505,3 (+19)
in andere Länder	20635,6 (+1)	21620,0 (+5)	9629,9 (+11)
darunter:			
in „dritte" Industrieländer	12931,6 (+6)	13825,6 (+7)	6246,3 (+13)
in Entwicklungsländer	6196,7 (−8)	6351,4 (+2)	2774,3 (+7)

Quelle: Außenhandel, Monatsstatistik, Brüssel, 1964, Nr. 2.

Das Tempo der Ausweitung des Exports der EWG-Länder hat beträchtlich zugenommen, der Export in andere EWG-Länder – also der Warenaustausch innerhalb der EWG – steigt nach wie vor überdurchschnittlich schnell. Zugleich ist der Abstand im Tempo der Exportzunahme bedeutend kleiner geworden: Die EWG-Länder haben auch ihre Handelsbeziehungen zu den anderen kapitalistischen Industrieländern ausgedehnt. Für die westdeutschen Monopole ist dabei der Exportüberschuß im Handel mit den EFTA-Ländern die Grundlage der aktiven Handelsbilanz, die wiederum für den Ausgleich der westdeutschen Zahlungsbilanz von großer Bedeutung ist.

Die Entwicklung des Handels der EWG-Länder untereinander ist in den letzten Jahren wesentlich von den unterschiedlich starken inflationären Erscheinungen beeinflußt worden, die sich in dem mehr und mehr nach außen abgeschirmten Gebiet der EWG unmittelbar auf die Konkurrenzfähigkeit der einzelnen Länder auswirken. Die im Gange befindliche Errichtung eines einheitlichen EWG-Marktes läßt daher die Monopole und die Regierungen der beteiligten Länder ihre Anstrengungen zur Abwendung inflationärer Gefahren verstärken. Diese Bemühungen, zu denen zumeist auch Maßnahmen gehören, mit denen die anderen EWG-Länder in dieser oder jener Weise „diskriminiert" werden – z. B. Sondersteuern auf bestimmte überwiegend importierte Waren, die die gleiche Wirkung haben wie die im Handel zwischen den EWG-Ländern bei Industriewaren bereits beseitigten Kontingente –, schüren aber zugleich die Gegensätze zwischen den EWG-„Partnern" und hemmen das weitere Fortschreiten der EWG-Integration.

Die folgenden Angaben zeigen, daß im Handel der EWG-Länder miteinander Westdeutschland zwar nach wie vor die führende Position einnimmt, daß jedoch die anderen EWG-Länder ihren Handel mit den übrigen Ländern der EWG ebenfalls zum Teil bedeutend ausgeweitet haben (Millionen Dollar; darunter in Klammern die Veränderung gegenüber der gleichen Vorjahreszeit in Prozent):

	1962 (Jahr)	1963 (Jahr)	1964 (Jan.–Mai)
EWG-Länder gesamt	13562,9 (+14)	15925,2 (+17)	7505,3 (+19)
Westdeutschland	4512,5 (+12)	5453,1 (+21)	2501,5 (+17)
Frankreich	2711,6 (+12)	3091,5 (+14)	1477,4 (+19)
Belgien-Luxemburg	2458,4 (+18)	2941,0 (+20)	1407,2 (+21)
Niederlande	2256,0 (+10)	2647,2 (+17)	1266,7 (+22)
Italien	1624,4 (+24)	1792,3 (+10)	852,3 (+21)

Quelle: Außenhandel, Monatsstatistik, Brüssel, 1964, Nr. 2 und Nr. 7.

Die inflationären Erscheinungen besonders in Italien führten dort vor allem 1963 zu einem „Importsog". Die aus Ländern mit relativ geringer Preisbewegung importierten Waren wurden gegenüber den einheimischen Erzeugnissen, deren Preise inflationär stiegen, zunehmend konkurrenzfähiger. Im 1. Halbjahr 1964 hat sich diese Entwicklung wieder normalisiert. Der Export der übrigen EWG-Länder nach Italien bleibt sogar jetzt weit hinter dem EWG-Durchschnitt zurück (Millionen Dollar; darunter in Klammern die Veränderung gegenüber der gleichen Vorjahreszeit in Prozent) (s. Tab. S. 262).

	1963 (Jahr)	1964 (Jan.–Mai)
EWG-Export nach Italien:		
Übrige EWG-Länder gesamt	2591,2	1069,0
	(+35)	(+7)
Westdeutschland	1368,1	540,4
	(+33)	(+3)
Frankreich	747,5	329,0
	(+35)	(+13)
Belgien–Luxemburg	248,3	93,3
	(+44)	(–1)
Niederlande	227,4	106,3
	(+38)	(+20)

Quelle: Außenhandel, Monatsstatistik, Brüssel, 1964 – Nr. 2 und Nr. 7.

Die anhaltende Zunahme des kapitalistischen Exports ist ein Zeichen dafür, daß die kaufkräftige Nachfrage auf den internationalen Märkten im ganzen weiter wächst. Zugleich toben auf allen Gebieten heftige Konkurrenzkämpfe um den höchstmöglichen Marktanteil. Als Beispiel dafür sei hier der Schiffbau genannt, für den besonders detaillierte neuere Angaben vorliegen.

In den kapitalistischen Schiffbauländern wuchsen die Auftragsbestände von Mitte 1963 bis Mitte 1964 um 4,025 Millionen BRT. In der gleichen Zeit wurden Neubauten mit 9,337 Millionen BRT an ihre Auftraggeber abgeliefert. Der Auftragseingang (gewissermaßen „netto", d. h. unter Berücksichtigung eventueller Stornierungen) betrug 13,362 Millionen BRT, das sind 143 Prozent der Ablieferungen. Bei den wichtigsten kapitalistischen Schiffbauländern veränderten sich die Aufträge folgendermaßen (alle Angaben umfassen die Zeit vom 1. 7. 1963 bis zum 30. 6. 1964 in 1000 BRT)*:

	Veränderung des Auftrags-bestandes	Ablieferungen 1963/64	Auftrags-eingang 1963/64 (netto)	Auftrags-eingang (Ablieferungen = 100)
Japan	+2733,0	2880,3	5613,3	195
Schweden	– 77,9	1049,5	971,6	93
Großbritannien	+ 719,6	986,8	1706,4	173
Westdeutschland	+ 513,4	892,5	1405,9	158
Norwegen	+ 191,6	394,8	586,4	149
Frankreich	– 242,0	525,1	283,1	54
Italien	– 167,8	544,5	376,7	69

* Berechnet nach: Statistik der Schiffahrt, Bremen, laufend.

Japan, das 1963/64 31 Prozent der Ablieferungen und nicht weniger als 42 Prozent der Neubauaufträge aller kapitalistischen Schiffbauländer auf sich vereinigte, weist damit das günstigste Verhältnis zwischen Auftragseingängen und den gleichzeitigen Ablieferungen auf. Dies deutet darauf hin, daß die japanischen Werften ihre Konkurrenzfähigkeit behauptet und ihre Position als führendes Schiffbauland der Welt ausgebaut haben. Allerdings mehren sich seit Mitte 1964 die Meldungen darüber, daß die inflationäre Entwicklung in Japan die gute Konkurrenzfähigkeit zu beeinträchtigen beginnt.

Großbritannien, Westdeutschland und Norwegen konnten ebenfalls ihre Positionen verbessern, während sich der Auftragsbestand der Werften Schwedens bei gleichzeitigen hohen Ablieferungen vermindert hat. Die krisenhafte Entwicklung der französischen und italienischen Schiffbauindustrie schließlich zeigt, daß ihre Konkurrenzfähigkeit infolge der Inflation in beiden Ländern stark geschwächt wurde.

Die Fortdauer der Konjunktur in den meisten kapitalistischen Industrieländern während des 1. Halbjahres 1964 bedeutet jedoch nicht, daß alle diese Länder gleichmäßig von der relativ günstigen wirtschaftlichen Entwicklung profitiert hätten. Eine knappe Analyse der Handels- und Zahlungsbilanzen sowie der Veränderung der Gold- und Devisenbestände ermöglicht es, die gegenwärtige kapitalistische Konjunktur etwas differenzierter zu beurteilen.

Die Bewegung der Handelsbilanzen seit Beginn des Jahres 1963 läßt erkennen, daß sich die Außenhandelssituation in den USA und Westdeutschland verbessert hat — d. h., daß dort die Ausfuhrüberschüsse wachsen —, während in Großbritannien, Frankreich und Italien eine Vergrößerung des Einfuhrüberschusses eingetreten ist. In Italien ist eine weitere Verschlechterung der Handelsbilanz offenbar zunächst durch besondere Exportbemühungen gebremst worden (Salden in Millionen Dollar; Monatsdurchschnitte):

		USA	Westdt.	Großbr.	Frankr.	Ital.	Japan
1963	I	+416	+ 55	− 99	− 53	−173	−119
	II	+594	+109	−114	− 56	−224	−135
	III	+373	+133	−180	− 32	−220	− 93
	IV	+586	+235	−154	− 75	−218	− 83
1964	I	+647	+205	−246	−113	−253	−227
	A	+615	+198	−349	−159	−161	−160
	M	+792	+188	−105	−135	−175	−205
	J			−316			−122

Quelle: Main Economic Indicators, Paris, Juli 1964.

Für die Beurteilung der ökonomischen Situation der kapitalistischen Industrieländer ist die Zahlungsbilanz — die neben der Handelsbilanz auch die Dienstleistungs- sowie die Kapitalbilanz umfaßt — aber von wesentlich höherer Aussagekraft. Für die erste Hälfte des Jahres 1964 sind die entsprechenden Angaben jedoch erst zum Teil und außerdem noch in von Land zu Land nicht immer vergleichbarer Unterteilung vorhanden. Aus ihnen ergeben sich folgende Tatsachen:

Die Zahlungsbilanz der USA hat sich seit dem vorigen Jahr verbessert. Dies ist vor allem auf die Fortdauer der relativ günstigen Wirtschaftsentwicklung zurückzuführen. In den Jahren vorher schwankte das Defizit zwischen 2,2 und 3,9 Milliarden Dollar. Die Ursache für diese Defizite ist vor allem in Zahlungen von vielen Milliarden Dollar an Militär- und sonstiger Auslands-„Hilfe" zu suchen, mit denen die USA reaktionäre Regime finanzieren und die weltpolitischen Spannungen verschärfen. Daneben hat die anhaltende Kapitalexportoffensive der USA-Monopole ebenfalls die Zahlungsbilanz belastet.

Erstmalig seit vielen Jahren war nun 1963 die Tendenz zu einer etwas ausgeglicheneren Entwicklung der Zahlungsbilanz festzustellen (Millionen Dollar; die Angaben für die Quartale werden in der USA-Statistik als „saisonbereinigte Jahresraten" ausgewiesen) (s. Tab. S. 264).

Im zweiten Quartal des Jahres 1964 entwickelte sich die Zahlungsbilanz der USA nicht ganz so günstig. Im gesamten ersten Halbjahr 1964 belief sich das Defizit effektiv auf knapp eine Milliarde Dollar, war damit jedoch noch weitaus geringer als zur gleichen Vorjahreszeit.

	Zahlungsbilanz gesamt	darunter: Handels- und Dienst-leistungsbilanz	Staatliche „Hilfen" und sonstige staatl. Transaktionen	Bilanz der privaten Transaktionen
1960	−3881	+3851	−2769	−3519
1961	−2370	+5586	−2780	−3473
1962	−2203	+5063	−3013	−2404
1963	−2644	+5513	−3553	−3492
1963 I	−4288	+4492	−3500	−3932
II	−5200	+5496	−4572	−5416
III	− 528	+5252	−2340	−1520
IV	− 560	+6812	−3800	−3100
1964 I	− 168	+8712	−2724	−4916

Quelle: Economic Indicators, Washington, Juli 1964.

Die Zahlungsbilanz Westdeutschlands hat sich trotz des erhöhten Außenhandelsüberschusses im 1. Halbjahr 1964 verschlechtert, vor allem weil der Kapitalzufluß von einem Kapitalabfluß abgelöst wurde. Insgesamt war jedoch die Zahlungsbilanz im ersten Teil des Jahres 1964 noch aktiv (Millionen Mark):

	Zahlungs-bilanz gesamt**	darunter: Handels- und Dienst-leistungs-bilanz***	Kapital-bilanz
1960	+8007	+4620	+1708
1961	−1928	+2775	−5137
1962	− 552	−2214	+ 737
1963	+2572	+ 881	+2219
1963 1. Hj.	+ 904	− 633	+ 875
1964 1. Hj.	+ 129	+1662	−3019

** Saldo der Devisenbilanz.
*** Einschl. der sogenannten „unentgeltlichen Leistungen".
Quelle: Monatsberichte der Deutschen Bundesbank, Frankfurt/M., Juli/1964.

In Großbritannien ist ebenfalls eine Verschlechterung der Zahlungsbilanz eingetreten. Die Bilanz der laufenden Posten (Handels- und Dienstleistungsbilanz) und die Bilanz langfristiger Kapitaltransaktionen waren zusammen 1963 mit 26 Millionen Pfd. Sterling passiv. Bereits im I. Quartal 1964 betrug das Defizit 118 Millionen Pfd. Sterling. Es wurde vor allem durch die zunehmende Passivität der Handelsbilanz hervorgerufen.

Auch die Zahlungsbilanz Italiens weist ein Defizit auf, und zwar vor allem im Zusammenhang mit der anhaltenden Inflation, die die wirtschaftliche Labilität des Landes verstärkt.

Die Gold- und Devisenbestände der ökonomisch bedeutendsten kapitalistischen Länder geben ebenfalls Anhaltspunkte zur Beurteilung der gegenwärtigen Situation (Millionen Dollar am Ende des jeweiligen Monats) (s. Tab. S. 265 oben).

	USA	Westdt.	Großbr.	Frankr.	Ital.	Japan
1960 Dez.	17804	6737	3231	2070	3079	1824
1961 Dez.	17063	6542	3318	2939	3419	1486
1962 Dez.	16156	6447	2806	3610	3441	1841
1963 Juni	15955	6699	2713	4257	3318	1902
1963 Dez.	15808	7102	2657	4457	3057	1878
1964 Juni	15805	7160	2705	4737	2863	1937

In den USA hat die anhaltende Konjunktur zu einer Verbesserung der Handels- und Zahlungsbilanz beigetragen und die seit Jahren erfolgende Verminderung der Gold- und Devisenbestände abgestoppt. Frankreich ist es trotz der inflationären Entwicklung gelungen, seine Bestände an Gold und Devisen weiter beträchtlich zu erhöhen, während sie in Italien in gleichem Tempo sanken. Die Veränderungen in den anderen genannten Ländern fallen dagegen weniger ins Gewicht.

Insgesamt zeigt sich also, daß sich bei annähernd gleichem industriellen Wachstumstempo der ökonomisch bedeutendsten kapitalistischen Länder — mit Japan als einziger Ausnahme — die ständig vor sich gehende Verschiebung der wirtschaftlichen Kräfteverhältnisse innerhalb des imperialistischen Machtbereichs darin äußert, daß vor allem die USA und Westdeutschland ihre Positionen in der letzten Zeit wieder verbessern konnten.

II. Die Entwicklung in den einzelnen Ländern

1. USA

In den USA hält der konjunkturelle Aufschwung, der nach der Krise von 1960/61 (die im Februar 1961 ihren Tiefpunkt erreichte) begann, nach wie vor an. Da die vorliegenden Daten über die Entwicklung der USA-Wirtschaft für die nächste Zeit noch keine Veränderung der aufwärts gerichteten Tendenz erwarten lassen, kann bereits jetzt gesagt werden, daß es sich um den längsten und zugleich stärksten Aufschwung handelt, den die amerikanische Wirtschaft in den letzten anderthalb Jahrzehnten erlebte. Die Industrieproduktion nahm in bisher 42 Monaten (von Februar 1961 bis Juli 1964), wenn auch von kürzeren Pausen der Stagnation unterbrochen, um 30 Prozent zu. Nach der Krise 1953/54 belief sich die Zunahme in 28 Monaten auf 19 Prozent und nach der Krise 1957/58 in 21 Monaten auf 25 Prozent. Nach der Krise 1957/58 erreichte die Industrieproduktion der USA im Januar 1960 ihren höchsten Stand, der um 8 Prozent über dem Niveau vom Dezember 1956 (dem höchsten Stand der der Krise 1960/61 voraufgegangenen Aufschwungsperiode) lag. Im Juli 1964 war die Industrieproduktion jedoch bereits um 20 Prozent höher als im Januar 1960.

Der gegenwärtige Aufschwung hat die Profiterwartungen der amerikanischen Monopole bedeutend erhöht und zu einer stärkeren Investitionsbereitschaft geführt. Die Profite der Unternehmen (vor Abzug der Steuern) stiegen von 1961 bis 1963 um 17 Prozent auf 51,1 Milliarden Dollar. Für 1964 wird eine Rekordhöhe der Profite von etwa 59 Milliarden Dollar erwartet. Die Pläne für neue Investitionen sind daneben auch durch die Erfordernisse des wissenschaftlich-technischen Fortschritts beeinflußt worden. So ist die amerikanische Stahlindustrie gegenwärtig dabei, mit beträchtlichen Investitionsmitteln ihre Anlagen immer mehr auf das Oxygenverfahren und das Stranggießen umzustellen. Insgesamt wurden 1963 von den privaten Unternehmen der USA 82,3 Milliarden Dollar investiert, 19 Prozent mehr als 1961. Die Investitionen in der Produktion allein (ohne Landwirtschaft) sollen 1964 etwa 44,2 Milliarden Dollar erreichen, 13 Prozent mehr als 1963, 29 Prozent mehr als 1961.

Neben den zunehmenden Investitionen bilden auch die weiter ansteigenden Staatsausgaben und der wachsende individuelle Verbrauch die Grundlage für ein Anhalten des gegenwärtigen Aufschwungs. Diese insgesamt relativ günstige Situation hat jedoch noch keine Verminderung der Massenarbeitslosigkeit zur Folge gehabt. Nach wie vor sind 4–5 Millionen amerikanische Arbeiter ohne Beschäftigung. Davon und auch von der weiteren Ausdehnung des Kreditvolumens können Gefahren für die Stabilität der Konjunktur ausgehen.

Die USA-Konjunktur wird auch von der Zunahme des Exports und der Vergrößerung des Exportüberschusses getragen (Milliarden Dollar; Monatsdurchschnitte):

	Export	Import	Export-überschuß
1960	1,63	1,25	0,38
1961	1,68	1,23	0,45
1962	1,74	1,37	0,37
1963 I	1,70	1,32	0,38
II	1,94	1,43	0,51
III	1,77	1,45	0,32
IV	2,05	1,52	0,53
1964 I	2,05	1,46	0,59
II	2,12	1,54	0,58

Insgesamt nahm der Export der USA im 1. Halbjahr 1964 um 15 Prozent, der Import um 9 Prozent zu.

Die wirtschaftliche Entwicklung der letzten Jahre hat die maßgeblichen Wirtschaftskreise der USA zu überaus optimistischen Prognosen veranlaßt. Das Wirtschaftsmagazin Fortune sagte für 1964 eine Steigerung des „Bruttosozialprodukts" der USA gegenüber 1963 um 7 Prozent auf 626 Milliarden Dollar und für 1965 um weitere 7 Prozent auf 668 Milliarden Dollar voraus. Liegen diese Erwartungen angesichts der gegenwärtig bekannten Daten noch einigermaßen im Bereich des Möglichen, so muß eine Vorausschau des Twentieth Century Fund bis zum Jahre 1975 aus der heutigen Sicht als geradezu phantastisch bezeichnet werden. Die zahlreichen ungelösten inneren Probleme der USA (Arbeitslosigkeit, Armut, ungenügend entwickeltes Bildungswesen usw.) und die Erfahrungen der gesamten Nachkriegsentwicklung in den USA lassen ein in dieser Vorausschau angekündigtes kontinuierliches Anwachsen der Industrieproduktion um 95 Prozent gegenüber 1962 (das entspräche einer durchschnittlichen Zuwachsrate von jährlich 6–7 Prozent) und des „Bruttosozialprodukts" (zu gleichbleibenden Preisen berechnet) in der gleichen Zeit um 77 Prozent auf 955 Milliarden Dollar eher als eine Art Fata morgana erscheinen.

2. Westdeutschland

Die Entwicklung der westdeutschen Wirtschaft ist, wie schon in der bisherigen Nachkriegszeit, auch gegenwärtig durch eine Zunahme der Produktion und des Absatzes gekennzeichnet, die nur in einigen Bereichen durch teilweise und zumeist zeitweilig begrenzte Krisenerscheinungen unterbrochen bzw. abgeschwächt wird.

In der ersten Hälfte des Jahres 1964 befand sich Westdeutschland mit Ausnahme einiger weniger Industriezweige in einer Hochkonjunktur, die vor allem durch folgende Erscheinungen gekennzeichnet ist:

Die Industrieproduktion war um 9 Prozent höher als zur gleichen Zeit des Vorjahres. Die höchsten Zuwachsraten wiesen die Eisen- und Stahlindustrie, die Chemie, die Mineralölverarbeitung und die elektrotechnische Industrie auf, während sich das Wachstumstempo des Fahrzeugbaus seit Beginn des Jahres wesentlich vermindert hat und der Kohlen- und Eisenerzbergbau durch ein Fortdauern der Krisensituation gekennzeichnet war.

Der Auftragseingang der Industrie liegt sowohl bei Inlands- als auch bei Auslandsaufträgen wesentlich über dem Vorjahresniveau (Prozent):

	Industrieaufträge gesamt	Inlandsaufträge	Auslandsaufträge
1963 III	+ 7,4	+ 4,3	+22,0
IV	+10,1	+ 7,0	+22,9
1964 I	+18,2	+17,2	+21,8
II	+15,8	+16,8	+11,8

Das relativ schnellere Anwachsen der Inlandsaufträge, das sich vor allem in der Investitionsgüterindustrie zeigt, deutet auf eine Verlagerung der Basis des gegenwärtigen Aufschwungs vom Außenmarkt auf den Binnenmarkt hin. Insgesamt sind die Auftragsbestände weiter angestiegen.

Die günstige Konjunktur hat viele westdeutsche Unternehmen dazu veranlaßt, ihre bisherigen Investitionspläne erheblich nach oben zu korrigieren. Die angespannte Lage auf dem Arbeitskräftemarkt (Mitte 1964 gab es bei 112000 Arbeitslosen 662000 offene Stellen) wurde auch durch die 933000 ausländischen Arbeiter nicht verändert. Dies zwingt die westdeutschen Monopole, um ihre Konkurrenzfähigkeit auf den Weltmärkten zu behaupten, zu intensiver Rationalisierung. Die Produktivität nimmt schnell zu.

Der westdeutsche Export ist im 1. Halbjahr 1964 bedeutend schneller gewachsen als der Import, so daß sich der Exportüberschuß gegenüber der gleichen Vorjahreszeit wesentlich vergrößerte (Salden in Millionen Mark):

	1963	1964
I	+ 751	+2382
II	+1181	+1974
III	+1263	
IV	+2837	
Jahr	+6032	

Die Entwicklung der Salden des westdeutschen Außenhandels läßt jedoch erkennen, daß der Import wieder schneller zuzunehmen beginnt. Im Juli 1964 war der Import um 12,2 Prozent größer als im Juli 1963, der Export nur um 9,3 Prozent.

Die anhaltende Konjunktur hat bisher bei relativ stabilen Preisen stattgefunden. Zur Jahresmitte hat die Bundesbank Maßnahmen zur Einschränkung der Kredite beschlossen und zugleich den Geldexport gefördert, um die inländische Liquidität zu vermindern.

Es ist auch für die nächste Zeit mit dem Fortbestehen der Aufschwungsperiode zu rechnen. Die vorgesehene weitere Erhöhung der Staatsausgaben, vor allem der Rüstungslasten, bringt jedoch auch für Westdeutschland die Gefahr einer stärker inflationären Preisbewegung mit sich, deren Folgen wie stets die Werktätigen zu tragen hätten.

3. Großbritannien

Die britische Wirtschaft, die sich jahrelang nur langsam entwickelt hatte, befindet sich seit 1963 in einer lebhaften Konjunktur (Millionen Pfd. Sterling; in Klammern darunter die Veränderung gegenüber der gleichen Vorjahreszeit; Angaben in jeweiligen Preisen) (s. Tab. S. 268):

	„Bruttosozialprodukt" gesamt	davon: Anlageinvestitionen	Staatsverbrauch	Individueller Verbrauch
1961 Jahr	23775	4577	4556	17539
	(+6,7)	(+11,5)	(+8,5)	(+5,1)
1962 Jahr	24734	4674	4857	18498
	(+4,0)	(+2,1)	(+6,6)	(+5,5)
1963 Jahr	25990	4805	5168	19432
	(+5,1)	(+2,8)	(+6,4)	(+5,0)
1963 III	6497	1237	1300	4967
	(+4,4)	(+5,5)	(+7,1)	(+5,8)
IV	6943	1340	1340	5147
	(+8,9)	(+11,8)	(+8,6)	(+5,6)
1964 I	6539	1369	1317	4753
	(+8,9)	(+27,6)	(+5,5)	(+6,9)

Quelle: Monthly Digest of Statistics, London, Juli 1964.

In gleichbleibenden Preisen berechnet, war die Zunahme des britischen „Bruttosozialprodukts" infolge der Preissteigerungen noch wesentlich geringer. Sie betrug in den Jahren 1961–1963 nur 3,2 bzw. 0,6 bzw. 3,5 Prozent.

Im 1. Halbjahr 1964 hat die Industrieproduktion – verglichen mit den voraufgegangenen Jahren – relativ schnell zugenommen. Die Zahl der Beschäftigten erreichte einen neuen Höchststand. Der britische Außenhandel hatte jedoch ein so schlechtes Ergebnis wie schon lange nicht: Infolge der guten Konjunktur nahm der Import zu, die Ausweitung des Exports wurde jedoch durch die ungenügende Konkurrenzfähigkeit eines großen Teiles der britischen Exportindustrie gehemmt. Dies wird allgemein als die Hauptursache für die verschlechterte Situation angesehen, in der sich die britische Wirtschaft trotz der Konjunktur gegenwärtig befindet.

Angesichts der im Oktober 1964 stattgefundenen Neuwahlen zum britischen Unterhaus hat es die konservative Regierung nicht mehr gewagt, unpopuläre restriktive Maßnahmen gegen die Vergrößerung des Importüberschusses zu ergreifen, die ein starkes Ansteigen der Preise mit sich gebracht hat. Es wird berichtet, daß bei der Industrie bis zu den Wahlen „jede Initiative gelähmt" gewesen sei. Zweifellos spielten die Wahlen bei allen wirtschaftspolitischen Maßnahmen, die in Großbritannien in letzter Zeit beschlossen bzw. nicht beschlossen wurden, eine wichtige Rolle. Die Untätigkeit der Regierung kann jedoch die Lage nur verschlechtern, das Anhalten der Konjunktur in Frage stellen und neue Belastungen für die arbeitenden Massen mit sich bringen. Den Nutzen davon hätten vor allem die amerikanischen und die westdeutschen Monopole, die neben denen Japans gegenwärtig am stärksten expandieren.

4. Frankreich

In Frankreich ist es durch eine Reihe von staatlichen Maßnahmen seit dem September 1963 gelungen, die inflationäre Entwicklung stark abzuschwächen. Von Ende Januar 1964 bis Ende Juni 1964 sind die Lebenshaltungskosten nur noch um 0,8 Prozent angestiegen. Es ist demnach eine Stabilisierung der Preise auf dem hohen durch die Inflation erreichten Niveau eingetreten.

Januar	+10,2
Februar	+11,8
März	+18,4
April	+ 9,1
Mai	+ 5,0
Juni	+ 5,2

Dieser „Erfolg" ist jedoch mit einer deutlichen Verlangsamung des wirtschaftlichen Wachstums bezahlt worden, wie die Zuwachsraten der Industrieproduktion im 1. Halbjahr 1964 zeigen (Prozent) (Tab.).

Von dieser Entwicklung sind – ausgenommen die Bauwirtschaft – fast alle Industriezweige mehr oder weniger stark betroffen worden. In der Automobilindustrie haben die meisten großen Werke Kurzarbeit eingeführt. Der Schiffbau befindet sich nach wie vor in einer Krise. In der Textilindustrie häufen sich Massenentlassungen und Kurzarbeit.

Das verminderte wirtschaftliche Wachstum und die trotz teilweiser Lohnerhöhungen gedrückte Massenkaufkraft haben zu einer Stagnation der Einzelhandelsumsätze geführt. Der Auftragseingang der Industrie liegt unter dem Vorjahresniveau. Die Investitionstätigkeit verlangsamt sich vor allem in der Konsumgüterindustrie.

Auch der Außenhandel ist durch die inflationäre Entwicklung in Mitleidenschaft gezogen worden. In der ersten Hälfte des Jahres 1964 hat der Import, wie schon in den Jahren zuvor, stärker als der Export zugenommen, so daß sich die Handelsbilanz weiter verschlechterte.

5. Italien

Im Gegensatz zu Frankreich, wo die Eindämmung der Inflation gelungen scheint, dauert sie in Italien nahezu unvermindert an. verschlechtert die Positionen der italienischen Monopole auf den Weltmärkten, höhlt die gesamte Wirtschaft aus und drückt auf den Lebensstandard.

Der Absatz auf dem Binnenmarkt schrumpft, die Verbraucherpreise waren um die Jahresmitte etwa 7 Prozent höher als ein Jahr zuvor. Die Auftragslage der Industrie hat sich verschlechtert, die Lagerbestände wachsen ständig, die weiteren Aussichten werden allgemein pessimistisch beurteilt, vor allem wird ein Anwachsen der in Italien noch immer vorhandenen Massenarbeitslosigkeit befürchtet. Gegen diese Entwicklung haben sich die italienischen Werktätigen wiederholt mit mächtigen Streiks zur Wehr gesetzt und entschiedene Maßnahmen der Regierung zur Beendigung der Inflation und zur Sicherung ihrer materiellen und sozialen Lage verlangt.

Die Entwicklung der italienischen Industrieproduktion hat sich so verlangsamt, daß praktisch eine Stagnation eingetreten ist. In einer Reihe von Industriezweigen ist die Produktion bereits geringer gewesen als zur gleichen Zeit des Vorjahres (Veränderung in Prozent):

	1963 (Jahr)	1964 (Jan.–Mai)
Industrie gesamt	+ 8,8	+ 4,2
Metallurgie	+ 5,8	− 4,6
Maschinenbau	+10,7	− 3,6
Elektrotechnische Industrie	+ 6,2	−10,0
Automobilindustrie	+21,3	+ 3,3
Schiffbauindustrie	+12,8	−12,4
Chemische Industrie	+ 8,6	+ 9,5
Mineralölverarbeitung	+14,4	+18,3
Textilindustrie	+ 3,1	− 2,6

Im Laufe des 1. Halbjahres 1964 ist jedoch dadurch eine gewisse Minderung des Widerspruchs zwischen Angebot und Nachfrage eingetreten, daß der Export ausgeweitet werden konnte. Es wird vielfach angenommen, daß es sich um Verkäufe unter den Kosten handelt, um die überhöhten Lagerbestände abzustoßen. Dadurch kann zwar die angespannte Lage für eine kurze Zeit erleichtert werden, eine Lösung der Schwierigkeiten, in denen sich die italienische Wirtschaft befindet, ist jedoch auf diese Weise nicht zu erreichen (Milliarden Lire) (s. Tab. S. 270).

Mitte 1964 sind von der italienischen Regierung, nachdem sie die Inflation wegen der fortwährenden innenpolitischen Auseinandersetzungen treiben ließ, einige Maßnahmen zur „Stabilisierung" verkündet worden, deren Wirksamkeit angesichts der inzwischen eingetretenen wirtschaftlichen Stagnation bezweifelt wird. Es handelt

		Export	Import	Import-überschuß
1961		2617	3264	647
1962		2916	3793	876
1963		3154	4712	1558
1963	I	736	1060	324
	II	768	1086	318
1964	I	825	1299	474
	II	912	1198	286

sich um eine Erhöhung der Umsatzsteuer und der Einkommensteuer, um die „Fiskalisierung" eines Teiles der Sozialabgaben, womit die Unternehmen zu neuen Investitionen im Interesse der Stärkung der italienischen Konkurrenzfähigkeit angeregt werden sollen, und andere Maßnahmen.

Das Ende des vielgepriesenen „miracolo italiano" ist offensichtlich. Jahrelang hatten die italienischen und ausländischen Monopole, die in Italien günstige Verwertungsbedingungen für ihr Kapital vorfanden, den Boom spekulativ genährt. Sie hatten die Kredite schrankenlos ausgeweitet (von 1958 bis 1963 um 145 Prozent!) und die Preise in die Höhe getrieben. Als die wirtschaftlichen Krisenzeichen zunahmen, brachten sie 2 Milliarden Dollar im Ausland in Sicherheit. Auch ein Italien von den USA und internationalen kapitalistischen Finanzinstitutionen gegebener Kredit über 1,2 Milliarden Dollar konnte die Lage bisher nicht stabilisieren. Die herrschenden Kreise sind über die weitere Entwicklung des Landes vor allem deshalb besorgt, weil dort innenpolitische Krisen, konjunkturelle Krisenerscheinungen und andere Symptome der Labilität des kapitalistischen Systems zusammentreffen und die Herrschaft der Monopole überhaupt gefährden können.

6. Japan

Japans Wirtschaft hat nach wie vor das höchste Entwicklungstempo von allen kapitalistischen Industrieländern. Für das laufende Haushaltsjahr 1964/65 (1. 4. 1964–31. 3. 1965) wird eine reale Zunahme des „Bruttosozialprodukts" um 7,2 Prozent erwartet, verglichen mit 8,4 Prozent im voraufgegangenen Jahr. Das Wachstum der Industrieproduktion hält an, wobei sich diejenigen Zweige, die die schnelle Entwicklung der Produktivkräfte zum Ausdruck bringen (Petrolchemie, Elektronik usw.) besonders schnell ausdehnen.

Die stärker als in anderen kapitalistischen Industrieländern auf den Export angewiesenen Monopole Japans haben ihre Außenhandelsexpansion wieder forciert. Im 1. Halbjahr 1964 nahm der Export gegenüber der gleichen Vorjahreszeit um 19,3 Prozent auf 2882 Millionen Dollar zu. Da die anhaltende Konjunktur und der weitere Abbau der Einfuhrbeschränkungen – zu dem Japan von seinen Konkurrenten gedrängt worden war – den Import jedoch noch schneller anwachsen ließ (um 27,7 Prozent auf 4056 Millionen Dollar), vergrößerte sich das Defizit der Handelsbilanz beträchtlich.

Die von der japanischen Regierung bisher verfolgte „Politik des knappen Geldes", die zu einer Begrenzung des Kreditvolumens und einer Eindämmung der inflationistischen Erscheinungen führen sollte, ist bisher ohne Erfolg geblieben.

* * *

Auch in anderen kapitalistischen Industrieländern hält der Konjunkturaufschwung überwiegend an. Belgien, dessen Entwicklungstempo in den Jahren zwischen 1957 und 1962 im Durchschnitt hinter dem der anderen EWG-Länder zurückgeblieben war, weist eine Beschleunigung in der Zunahme der Produktion aus, wobei die Produktivität wegen der weitgehend ausgeschöpften Arbeitskräftereserven relativ schnell gesteigert wird. In den Niederlanden hat die Regierung, um das Kreditvolumen — von dem starke inflationistische Tendenzen ausgehen — einzuengen, restriktive Maßnahmen beschlossen.

In Österreich, das in seiner ganzen Entwicklung wegen der engen Handelsbeziehungen zu Westdeutschland stark von der dortigen Konjunktursituation beeinflußt wird, setzt sich der Aufschwung ebenfalls fort und das Wachstum verlagert sich stärker auf die Produktionsmittelindustrie. In der Schweiz hat die inflationäre Entwicklung zu einer beachtlichen Vergrößerung des Passivsaldos der Handelsbilanz geführt. Die Hochkonjunktur in Schweden wird durch die anhaltende Nachfrage aus dem In- und Ausland gestützt. Für den Herbst 1964 wird ein neuer Höhepunkt des Aufschwungs erwartet. Die Investitionsneigung hat sich verstärkt. In Norwegen hält der Investitionsboom an, der jedoch vor allem durch Auslandsanleihen finanziert werden muß. In Kanada schließlich geht die Konjunktur bei stabilen Preisen ebenfalls weiter. Der Export war im 1. Halbjahr 1964 um 21,7 Prozent höher als zur gleichen Vorjahreszeit.

Die kapitalistische Wirtschaft bietet um die Jahresmitte 1964 also ein verhältnismäßig einheitliches Bild des konjunkturellen Wachstums. Beinahe ebenso einheitlich ist jedoch das Auftreten inflationärer Erscheinungen, die ihre letzte Ursache in der Ausdehnung der Produktion um höchster Profite willen haben. Von der Bändigung dieser inflationären Gefahren durch entscheidene staatliche Maßnahmen, die die Forderungen der Werktätigen berücksichtigen, wird es vor allem abhängen, wie sich die kapitalistische Wirtschaft in nächster Zeit entwickelt.

ERNST LÜDEMANN

BUCHBESPRECHUNG

Der Kampf der zwei Systeme und die Weltentwicklung

A. A. ARSUMANJAN:
Verlag „Nauka", Moskau 1964; 460 Seiten

Die Erforschung der Probleme der Wirtschaftskrisen und der zyklischen Entwicklung der Wirtschaft der kapitalistischen Länder erfordert heute mehr denn je, diese Probleme im Zusammenhang mit der ökonomischen und politischen Entwicklung in der ganzen Welt zu betrachten, insbesondere im Zusammenhang mit dem Kampf der zwei Systeme, die heute in der Welt existieren. Darum ist für den Krisenforscher das Buch von Akademie-Mitglied A. A. Arsumanjan sehr wichtig, das unlängst anläßlich seines 60. Geburtstages vom Institut für Weltwirtschaft und internationale Beziehungen herausgegeben wurde.

Das Buch enthält Arbeiten, die Arsumanjan in den Jahren 1956 bis 1963 geschrieben hat und die zum großen Teil in sowjetischen Zeitschriften veröffentlicht wurden.

In fünf Kapiteln behandelt Arsumanjan folgende Probleme:

I. Die gegenwärtige Epoche und der revolutionäre Weltprozeß;
II. Der ökonomische Wettstreit der zwei Systeme;
III. Der staatsmonopolistische Kapitalismus und Probleme der imperialistischen „Integration";
IV. Die Lage des Proletariats der imperialistischen Länder und die internationale Arbeiterbewegung;
V. Der Kampf der Völker um Frieden und friedliche Koexistenz.

In einem weiteren Abschnitt sind Reden veröffentlicht, die der Autor auf internationalen Konferenzen gehalten hat.

Das Hauptanliegen des Autors besteht darin, in tiefschürfender, vorwiegend ökonomischer Analyse den Charakter unserer Epoche darzulegen, der Epoche des Übergangs vom Kapitalismus zum Sozialismus. Er behandelt das Wachstum des Sozialismus, die erfolgreiche Befreiungsbewegung der Kolonialvölker und im Zusammenhang damit die Verschärfung der antagonistischen Widersprüche des kapitalistischen Systems, insbesondere in der dritten Etappe der Allgemeinen Krise und auf dieser Grundlage den anwachsenden Kampf der Arbeiterklasse und aller fortschrittlichen Kräfte gegen den Imperialismus.

Im zweiseitigen Prozeß des Überganges vom Kapitalismus zum Sozialismus, des Kampfes der zwei Systeme, macht Arsumanjan besonders jene Prozesse zum Gegenstand seiner Forschungen, die sich im kapitalistischen Teil der Welt vollziehen. Der allgemeine Ausgangspunkt seiner Darlegungen ist die Feststellung, daß die Koexistenz und der Kampf der beiden gegensätzlichen Systeme der Welt die Achse der ganzen gegenwärtigen Geschichte ist. Diese Feststellung zieht sich als Leitmotiv durch alle seine Arbeiten.

Der *Kampf der zwei Systeme* oder genauer, das Ergebnis dieses Kampfes kommt vor allem in den verschiedenen Wachstumsraten der industriellen Produktion zum Ausdruck. Die Sowjetunion hatte bekanntlich nach dem ersten Weltkriege einen äußerst ungünstigen Ausgangspunkt im ökonomischen Wettbewerb. Im Jahre 1917 betrug der Anteil des Sowjetlandes an der Industrieproduktion der Welt ganze 3%, 1937 war er bereits auf 10% und 1958 auf fast 20% gestiegen. Schon diese Zahlen zeigen, daß sich die sozialistische Wirtschaft bedeutend schneller entwickelt als die kapitalistische. Wie Arsumanjan anführt, betrug der jährliche durchschnittliche Zuwachs der Industrieproduktion von 1954—1960 in der UdSSR 11,1%, in den USA 2,5%. In dem Jahrzehnt von 1951 bis 1960 wuchs die Industrieproduktion in den sozialistischen Ländern um 13,6%, in den kapitalistischen Ländern um 5%. Infolge des großen Entwicklungsvorsprungs der USA macht dort aber ein Prozent Zuwachs im absoluten Umfang der Produktion viel mehr aus als ein Prozent Zuwachs in der UdSSR. Darum stellt sich die Sowjetunion im Wettstreit mit den USA die Aufgabe, dieses höchstentwickelte kapitalistische Land im absoluten Umfang der Produktion und des Verbrauchs materieller Güter sowie im Niveau der Produktivität der gesellschaftlichen Arbeit einzuholen und zu überbieten. Auch diese Aufgaben werden erfolgreich gelöst, und der Tag ist nicht fern, an dem die Sowjetunion die USA auch in dieser Beziehung vom ersten Platz verdrängt haben wird.

In diesem Zusammenhang macht Arsumanjan darauf aufmerksam, daß die Erforschung des Verlaufs und der Perspektiven des ökonomischen Wettstreits die Ausarbeitung vergleichbarer statistisch-ökonomischer Kennziffern voraussetzt, die Ökonomen in dieser Beziehung aber noch im Rückstand sind. Nach seiner Ansicht sind besonders die folgenden Kennziffern auszuarbeiten: Niveau der nationalen Arbeitsproduktivität, Umfang des Nationaleinkommens insgesamt und pro Kopf der Bevölkerung, Umfang der industriellen und landwirtschaftlichen Produktion insgesamt und pro Kopf, Niveau des materiellen und kulturellen Lebens des Volkes. Es muß hinzugefügt werden, daß uns solche vergleichbaren Kennziffern auch noch für Vergleiche zwischen den sozialistischen Ländern fehlen. Hier stehen wichtige Aufgaben vor den Ökonomen aller sozialistischer Länder.

Einen breiten Raum nimmt in dem vorliegenden Sammelband die Analyse des *staatsmonopolistischen Kapitalismus* ein. Das Neue besteht darin, daß der bürgerliche Staat selbst zu einem großen Kapitaleigentümer geworden ist, und vor allem darin, daß er sich unmittelbar in die Prozesse der Reproduktion, der Zirkulation und der Verteilung einschaltet. Die Macht der Monopole ist mit der Macht des Staates verschmolzen, der eine Umverteilung des Nationaleinkommens im Interesse der Monopole vornimmt. Fast die Hälfte des Nationaleinkommens fließt durch das Staatsbudget. Arsumanjan weist darauf hin, daß die neue ökonomische Rolle des bürgerlichen Staates das Ergebnis der objektiven Entwicklung ist. Die Entwicklung der Produktivkräfte hat in der kapitalistischen Gesellschaft eine gewaltige Vergesellschaftung der Arbeit hervorgerufen. Arsumanjan warnt jedoch davor, die Entwicklung des staatsmonopolistischen Kapitalismus unmittelbar und direkt aus der Vergesellschaftung der Arbeit abzuleiten. Seine unmittelbaren Ursachen sind die aus der Konzentration der Produktion und des Kapitals erwachsenden Monopole und ihre Herrschaft. Das gegenwärtige Niveau der Vergesellschaftung der Arbeit erfordert den Übergang nicht zum staatsmonopolistischen Kapitalismus, sondern zum Sozialismus. Dieser Hinweis Arsumanjans hat m. E. auch für die Erforschung des Krisenproblems methodologische Bedeutung. Die Einflüsse der staatsmonopolistischen Maßnahmen auf die zyklische Entwicklung können nicht richtig verstanden werden, wenn nicht erkannt ist, wie das Monopol mit allen seinen Folgen den Zyklus und die Krisen beeinflußt.

Arsumanjan wendet sich auch gegen die Auffassung, daß die Rolle der Banken geschwächt worden sei. Lediglich die Form der Wechselbeziehungen zwischen Banken und Industrie hat sich geändert, aber nach wie vor herrscht dieselbe Finanzoligarchie. Die für den staatsmonopolistischen Kapitalismus charakteristische staatliche Regulierung der Wirtschaft beseitigt nicht die Konkurrenz, sondern verschärft die kapitalistische Konkurrenz und Anarchie der Produktion, die Planlosigkeit und den chaotischen Charakter, sie beseitigt nicht die Überproduktionskrisen, schreibt Arsumanjan. Besonders hat sich die Ungleichmäßigkeit der Entwicklung in den kapitalistischen Ländern sehr verschärft. Arsumanjan kommt zu dem Schluß, daß die Entwicklung des staatsmonopolistischen Kapitalismus der bürgerlichen Gesellschaft weder politische noch ökonomische Festigkeit, nicht einmal eine teilweise Stabilisierung gebracht hat.

Auch der *wissenschaftlich-technische Fortschritt* kann die Labilität des kapitalistischen Systems nicht überwinden. Wenn er auch in den kapitalistischen Ländern breite Anwendung gefunden hat und großen Einfluß auf den zyklischen Verlauf des Reproduktionsprozesses ausübt, so untergräbt er doch die Grundlagen des Kapitalismus, denn die neueste Technik ist die Technik des Kommunismus. Besonders kraß tritt dies in den USA zutage, wo die Resultate des wissenschaftlich-technischen Fortschritts von einer Handvoll Monopolisten usurpiert werden, die Erweiterung der Warenproduktion aber auf die ungenügende Kaufkraft stößt.

Im Zusammenhang mit dem wissenschaftlich-technischen Fortschritt behandelt der Autor das interessante Problem des raschen Wachstums der Effektivität des fixen Kapitals. Als Folge ist in den USA eine neue Erscheinung aufgetreten: das Wachstum des Kapitals bleibt hinter dem Tempo des Wachstums der Produktion zurück. Pro Einheit des Produktes verringert sich der Aufwand nicht nur an lebendiger Arbeit, sondern auch an fixem Kapital. All das ist ein Ergebnis der Produktivität der neuen Technik. Es bedarf noch besonderer Untersuchungen, welchen Einfluß diese neuen Erscheinungen auf den Verlauf der Zyklen und den Charakter der Krise haben.

Die Labilität des Kapitalismus wird durch die *nationale Befreiungsbewegung der Kolonialvölker* und die Entstehung junger Nationalstaaten außerordentlich erhöht. Das alte imperialistische Kolonialsystem ist fast völlig zusammengebrochen. Im Jahre 1919 lebten rund 1¼ Milliarde Menschen in den Kolonien, Halbkolonien und Dominions, 1961 waren es nur noch 85 Millionen oder 2,8% der Weltbevölkerung. Inzwischen haben weitere Kolonialvölker ihre nationale Unabhängigkeit errungen. Wenn man bedenkt, daß $^9/_{10}$ aller Kolonien westeuropäischen Ländern gehörten, kann man ermessen, welche ungeheure Bedeutung der Zusammenbruch des Kolonialsystems gerade für den westeuropäischen Kapitalismus hat. Freilich muß man beachten, daß die jungen Nationalstaaten mit ihrer politischen Unabhängigkeit noch lange nicht ihre ökonomische Unabhängigkeit erlangt haben. In ökonomischem Sinne ist das imperialistische Kolonialmonopol noch nicht beseitigt. Wie Arsumanjan anführt, verlieren die schwachentwickelten Länder im Außenhandel mit den imperialistischen Ländern allein durch den Nichtäquivalenten-Austausch jährlich 14—16 Milliarden Dollar. Außerdem werden diesen Ländern jährlich 3—4 Milliarden Dollar als Profit für ausländische Investitionen entzogen.

Das Hauptproblem der jungen Nationalstaaten ist daher die Erlangung der ökonomischen Unabhängigkeit, die vor allem zweierlei erfordert: die Industrialisierung und die Verwirklichung einer durchgreifenden Agrarreform. Dabei eröffnet sich den schwachentwickelten Ländern die Möglichkeit, den qualvollen Weg der kapitalistischen Entwicklung zu umgehen und eine nichtkapitalistische Entwicklung einzuschlagen. Diese Möglichkeit ist heute vor allem darin begründet, daß die imperialistischen Länder nicht mehr das Monopol auf die Lieferung von Maschinen und Ausrüstungen und die Leistung technischer Hilfe haben. Die jungen Nationalstaaten können sich auf die selbstlose und wirksame Hilfe der sozialistischen Länder stützen. Arsumanjan behandelt ausführlich die diametral entgegengesetzten Prinzipien, die der imperialistischen „Entwicklungshilfe" einerseits und der Unterstützung seitens der sozialistischen Länder andererseits zugrunde liegen.

Dem Problem *Krieg und Friede* ist ein großer Teil der Aufsätze Arsumanjans gewidmet. Er geht davon aus, daß der Militarismus eine entscheidende Rolle in der Entwicklung des staatsmonopolistischen Kapitalismus spielt. Die Grundlagen des heutigen Militarismus, so führt er aus, sind der Konflikt zwischen den Produktivkräften und den Produktionsverhältnissen des Kapitalismus, die tiefen imperialistischen Gegensätze und die Klassenantagonismen der kapitalistischen Gesellschaft. Der Autor behandelt mehrfach ausführlich die ökonomische Rolle des Militarismus. Die Bewegung des gesellschaftlichen Kapitals, so führt er u. a. aus, verwirklichte sich immer durch periodische Überproduktionskrisen, in denen ein bedeutender Teil des gesellschaftlichen Produktes vernichtet wurde. Diese Vernichtung wurde eine Bedingung der weiteren Entwicklung des Kapitals. Der heutige Kapitalismus hat dieses Gebrechen der kapitalistischen Produktionsweise ins Quadrat erhoben. „Heute vernichtet der Kapitalismus einen bedeutend größeren Teil des gesellschaftlichen Produktes, und diese Vernichtung verwirklicht sich nicht nur durch ökonomische Krisen, sondern durch den Militarismus." Hieraus ergibt sich eine Seite der großen Bedeutung, die der Militarismus für das Krisenproblem hat. Welches große Gewicht der Militarismus und das Rüstungsfieber für die gesamte Wirtschaft eines Landes haben, zeigt die Tatsache, daß in den USA z. B. ein Viertel des gesellschaftlichen Produktes für den parasitären militärischen Verbrauch aufgewendet wird.

Trotz ihrer großen ökonomischen Bedeutung sind Militarismus und Krieg keine nur-ökonomischen Erscheinungen. Der Autor weist darauf hin, daß das Rüstungsfieber eine eigene schreckliche Logik hat, die zum Kriege führt, daß aber ein neuer Weltkrieg, der mit Kernwaffen geführt würde, mit keinem früheren Kriege vergleichbar wäre. Besonders die dicht besiedelten Industrieländer würden in einem solchen Krieg fast völlig vernichtet werden. Darum besteht die Hauptaufgabe darin, einen dritten Weltkrieg zu verhindern. Das Neue in der Weltlage besteht darin, daß zum ersten Male in der Geschichte der Menschheit die reale Möglichkeit besteht, einen solchen Krieg zu verhindern.

Diese Möglichkeit ergibt sich aus folgenden Tatsachen: 1. der Imperialismus, der heute die einzige Wurzel großer Kriege ist, hat seine Rolle als entscheidende Kraft in der Geschichte verloren; 2. die sozialistischen Staaten, und vor allem die Sowjetunion, setzen ihre gewaltige, auch militärische, Macht für den Frieden ein; 3. die zahlreichen unabhängigen Nationalstaaten treten als aktive Kraft gegen einen neuen imperialistischen Krieg auf; 4. die Weltfriedensbewegung, die breite Massen auch in den imperialistischen Ländern umfaßt, ist die größte Massenbewegung der Geschichte; 5. die sichere Gewißheit, daß ein neuer Weltkrieg unvermeidlich den Untergang des kapitalistischen Systems in der ganzen Welt bedeutet, bringt auch einsichtige Kreise der Finanzoligarchie zu der Erkenntnis, daß in einem neuen Weltkrieg nichts zu gewinnen ist. Noch nie hat es in der Geschichte so mächtige Kräfte gegeben, um einen Krieg zu verhindern.

Aber der Friede wird nicht geschenkt, er muß erkämpft werden. Arsumanjan behandelt in zahlreichen Aufsätzen des Sammelbandes den weltweiten Kampf um den Frieden, besonders den Kampf der Sowjetunion und der sozialistischen Länder um die allgemeine und vollständige Abrüstung. Dabei werden vor allem die ökonomischen Aspekte der Abrüstung behandelt. Der Autor weist — entgegen den Ansichten bürgerlicher Ökonomen — nach, daß der Verzicht auf das Wettrüsten trotz einiger Schwierigkeiten, die mit der Umstellung der Industrie zusammenhängen, keine ökonomische Katastrophe hervorrufen würde. Die Abrüstung an sich, so führt er aus, kann nicht zur ökonomischen Krise in den kapitalistischen Ländern führen, im Gegenteil, sie kann sogar zeitweise die Schwierigkeiten der kapitalistischen Länder abschwächen, die mit der Verschärfung der grundlegenden Widersprüche der gegenwärtigen kapitalistischen Welt zusammenhängen.

Im Zusammenhang mit dem Problem Krieg und Friede beschäftigt sich Arsumanjan auch ausführlich mit der Gefahr, die vom westdeutschen Militarismus und seinem Verlangen nach Atomwaffen ausgeht. Die europäische Sicherheit, so sagt er, erfordert vor allem, daß mit der Drohung Schluß gemacht wird, die von der aggressiven Tätigkeit der militaristischen Kräfte Westdeutschlands ausgeht. Der Autor untersucht eingehend den Charakter der Bundeswehr und zeigt auf, welch große Gefahr für Europa entstehen würde, wenn diese von Hitlergeneralen geführte Aggressionsarmee Atomwaffen erhielte. In diesem Zusammenhang stellt er auch die fortschrittliche, dem Frieden dienende Politik der DDR dar. Er weist nach, daß die Schaffung einer atomwaffenfreien Zone in Europa und der Abschluß eines Friedensvertrages mit beiden deutschen Staaten wirksame Mittel zur Sicherung des Friedens in Europa wären.

Einige Arbeiten in dem vorliegenden Buch sind einem besonders aktuellen ökonomischen Problem Europas gewidmet, der sogenannten *Integration*, der Europäischen Wirtschafts-Gemeinschaft (EWG). Arsumanjan hebt hervor, daß die westeuropäische „Integration" einen Versuch des Monopolkapitals darstellt, die privatkapitalistische Form der Wirtschaft mit den Produktivkräften in Einklang zu bringen, die über die nationalen Grenzen hinausgewachsen sind und gebieterisch den Übergang zum Sozialismus erfordern. Gleichzeitig, so hebt der Autor hervor, ist der „Gemeinsame Markt" eine Verschwörung der Monopole gegen den Sozialismus und die Arbeiterklasse. Die Grundlage der EWG ist das hohe Niveau der Entwicklung des staatsmonopolistischen Kapitalismus in Frankreich und Westdeutschland sowie die enge gegenseitige Verflechtung der Monopole dieser beiden Länder. Arsumanjan verfolgt die verschiedenen Etappen der Entwicklung der EWG, das Verhältnis der anderen großen imperialistischen Länder zu ihr, besonders der USA und Englands, sowie die Widersprüche innerhalb und außerhalb der EWG und die Grenzen der „Integration". Er hebt hervor, daß sich der Anteil der sechs EWG-Länder an der Wirtschaft der kapitalistischen Länder auf Kosten anderer imperialistischer Staaten erhöht und die Gruppe der Sechs an politischer Bedeutung zugenommen hat. Jedoch ist das relativ rasche Entwicklungstempo der sechs Länder nicht auf den Zusammenschluß selbst zurückzuführen, denn bei der Bildung der EWG wiesen diese sechs Länder bereits ein rascheres wirtschaftliches Entwicklungstempo auf als andere kapitalistische Länder. Außerdem hat Japan, das keinem „gemeinsamen Markt" angehört, ebenfalls ein relativ rasches Entwicklungstempo.

Dennoch wäre es falsch, die stimulierende Rolle der EWG zu verneinen. Ohne Zweifel hat die Ausdehnung der Grenzen der nationalen Märkte, die Spezialisierung und Kooperierung der Produktion in breiteren Räumen den Monopolen der sechs Länder neue Möglichkeiten eröffnet. Am stärksten macht sich das in der Ausdehnung des gegenseitigen Handels bemerkbar. Der Anteil des „Gemeinsamen Marktes" am Außenhandel der EWG-Länder hat sich von 30% im Jahre 1957 auf 38,6% im Jahre 1962 erhöht, wobei dies weniger eine Folge der Zollsenkungen als vielmehr der verschärften Konkurrenz ist. Von dem wachsenden ökonomischen Gewicht der EWG in der kapitalistischen Welt zeugt auch die Tatsache, daß sich die Gruppe zu einem Rivalen der USA entwickelt hat. Diese Tatsache ist auch für die sozialistischen Länder nicht ohne Bedeutung. Im ökonomischen Wettstreit der zwei Systeme, schreibt Arsumanjan, ist jetzt nicht nur die USA, sondern in gewissem Sinne auch der „integrierte" Kapitalismus Westeuropas der Rivale.

Die Bildung des „Gemeinsamen Marktes" in Europa hat auch beträchtlichen Einfluß auf die wirtschaftliche Entwicklung der Länder Asiens, Afrikas und Lateinamerikas. 1960 kamen auf Westeuropa 40% des gesamten Außenhandels der schwachentwickelten Länder. Über die Hälfte davon entfallen auf die Länder der EWG. Arsumanjan behandelt ausführlich die ökonomische Bedeutung des Abkommens über die Assoziierung mit der EWG, das im Dezember 1960 in Brüssel von Vertretern der EWG und 18 afrikanischer Staaten unterzeichnet wurde. Dieses Abkommen wird von der Bundesregierung zur groben Einmischung in die Außenpolitik der jungen Nationalstaaten, also zu neokolonialistischen Erpressungen ausgenutzt. Ende November 1962 erklärte die Bonner Regierung den Regierungen der übrigen EWG-Länder, sie werde die Konvention über die Assoziierung nicht unterschreiben und der Bundestag werde sie nicht ratifizieren, wenn auch nur eines der assoziierten afrikanischen Länder die DDR anerkennt und diplomatische Beziehungen mit ihr herstellt. In dieser Erklärung kommt die Rolle der EWG als Werkzeug des Neokolonialismus deutlich zum Ausdruck. Auch die von den schwachentwickelten Ländern gebildeten regionalen Zoll- und Wirtschaftsverbände werden von den imperialistischen Ländern zu Werkzeugen neuer Versklavung gemacht, wobei die Imperialisten die Köder der Finanz-"Hilfe", der Kapitalinvestitionen und vorteilhafter Handelsbedingungen benutzen. Arsumanjan zeigt dies am Beispiel der Wirtschafts-„Integration" der Länder Lateinamerikas.

Ausführlich behandelt der Autor den Kampf der Arbeiterklasse gegen den „Gemeinsamen Markt", wobei er sich auf die Erklärung der kommunistischen

Parteien der sechs EWG-Länder vom März 1963 stützt. Dabei wird hervorgehoben, daß die Aufgabe nicht darin bestehen kann, gegen die objektiven Prozesse anzukämpfen, die in der „Integration" Ausdruck finden, sondern darin, sie auszunutzen für die Beschränkung der Macht des Kapitals, für die Isolierung der Finanzoligarchie, für die Lösung der Aufgaben grundlegender wirtschaftlicher und politischer Umwandlungen, für die Verwirklichung der Nationalisierung der wichtigsten Zweige der Industrie und für die Einführung einer demokratischen Kontrolle über sie, für die Erneuerung der Domokratie, die Erweiterung der Rechte der Werktätigen und der Gewerkschaften und letzten Endes für den Kampf um den Sozialismus. Arsumanjan erläutert diese Kampfziele im einzelnen, die unter der allgemeinen Losung „gegen das Europa der Trusts ein Europa der Völker" angestrebt werden und kommt zu dem Schluß, daß die kommunistischen Parteien ihre Hauptaufgabe darin sehen, die Allmacht der Monopole zu zügeln.

Für die Leser dieses Bulletins sind die Partien des Sammelbandes von besonderem Interesse, die sich mit den Fragen der *Krisen und der zyklischen Entwicklung* des kapitalistischen Reproduktionsprozesses beschäftigen. Wie ich schon eingangs erwähnte, stellt der Autor das Krisenproblem in den großen Zusammenhang unserer Epoche, der Epoche des Übergangs vom Kapitalismus zum Sozialismus, der friedlichen Koexistenz und des Kampfes der zwei gegensätzlichen Systeme. Dieser methodologische Ausgangspunkt ist absolut richtig, weil anders der historische Bewegungsprozeß des Restkapitalismus nicht richtig verstanden werden kann. Arsumanjan kommt auf dieser Grundlage zu der Schlußfolgerung, daß die antagonistischen Widersprüche des Kapitalismus sich gesetzmäßig verschärfen müssen, daß auch der staatsmonopolistische Kapitalismus sie nicht lösen kann und daß sich dies zwangsläufig in den Besonderheiten der zyklischen Entwicklung ausdrücken muß. Die Bestätigung dafür findet Arsumanjan in der Nachkriegsentwicklung des USA-Kapitalismus, die er vorwiegend zum Gegenstand seiner Untersuchungen macht. Der deutsche Leser ist von diesen Darlegungen zuweilen unbefriedigt, weil der Autor zu wenig auf die Entwicklung in Europa und besonders in Westdeutschland eingeht, für das offenkundig einige seiner Thesen nicht ohne weiteres übernommen werden können, wie die Darlegungen über die chronische Arbeitslosigkeit, über die Krisen und den Zyklus. Aber man kann dem sowjetischen Autor nicht zum Vorwurf machen, daß er sich vorwiegend mit dem kapitalistischen Land beschäftigt, das der entscheidende Rivale der Sowjetunion im ökonomischen Wettstreit ist. Es ist eben die besondere Aufgabe und nationale Pflicht der deutschen marxistischen Ökonomen, die speziellen Prozesse der wirtschaftlichen Entwicklung Westdeutschlands zu erforschen und daraus die theoretischen Konsequenzen zu ziehen.

Außer vielen einzelnen Partien, in denen Arsumanjan sich mit dem Krisenproblem in der Nachkriegszeit befaßt, beschäftigt er sich in einem speziellen 1958 erschienenen Aufsatz mit den „Besonderheiten des Nachkriegszyklus und der gegenwärtigen Krise". Ausgangspunkt des Zyklus von 1948—1957 war die Krise von 1948/49, die eine gewisse Analogie zu der Krise von 1920/21 aufweist. Sie war eine Nachkriegskrise, in der die in einigen Ländern durch die Kriegszerstörungen hervorgerufene Krise mit der in anderen Ländern (USA!) herangereiften Überproduktionskrise verflochten war.

In diesem Zusammenhang befaßt sich Arsumanjan auch mit dem Verhältnis von Krise und Krieg. Ich stimme ihm völlig zu, wenn er sagt, daß der Krieg keine Phase des Zyklus darstellt und daß der Krieg auf keinen Fall mit der Krise gleichzusetzen ist. Nicht zu folgen vermag ich ihm, wenn er leugnet, daß der Krieg auch bestimmte Funktionen der Krise ausübt, denn das widerspricht offenkundig den Tatsachen. Am Vorabend beider Weltkriege machten sich in der kapitalistischen Welt Überproduktionskrisen bemerkbar. D. h., es bestand eine solche Lage, daß der Markt, die zahlungsfähige Nachfrage, hinter der gewaltigen Masse produzierter Waren zurückgeblieben war. „Normalerweise" hätte dieser Widerspruch durch die Entfaltung der beginnenden Krise gelöst werden müssen, in der ein großer Teil der Warenmasse und noch mehr Kapital vernichtet worden wäre. Da begann der Krieg. Die Produktion ging nicht zurück, die Preise sanken nicht usw., das ist alles richtig. Aber im Verlaufe des Krieges wurde doch *der* Widerspruch, dessen Lösung die Funktion der Krise gewesen wäre, nämlich der Widerspruch zwischen Produktion und Markt, gelöst, und sogar mehr als das, er wurde zumindest in den kriegführenden Ländern in sein Gegenteil verkehrt: statt Überproduktion herrschte ausgesprochener Warenmangel. Also hat beide Male der Vorkriegszyklus im Kriege seinen Abschluß gefunden, indem der Krieg auch die Funktion der Krise übernahm und den Überschuß an Produktion beseitigte. Daß der Krieg noch andere Einflüsse auf den Reproduktionsprozeß ausübte, steht hier nicht zur Debatte, denn man kann ihn nicht mit der Krise identifizieren. Übrigens scheint mir ein gewisser Widerspruch vorzuliegen, wenn der Autor, wie ich oben zeigte, einerseits zumindest indirekt dem Militarismus eine Funktion der Krise zubilligt, nicht aber dem Kriege.

Wenn Arsumanjan die Krisenfunktion des Krieges auch verneint, so heißt das keineswegs, daß er die ökonomische Bedeutung des Krieges, auch für Zyklus und Krise, verkennt. Er sagt ausdrücklich, daß bei der konkreten historischen Analyse des Verlaufes dieses oder jenes ökonomischen Zyklus in der Epoche der Allgemeinen Krise des Kapitalismus vom Einfluß des Krieges nicht abstrahiert werden und der Zyklus an sich betrachtet werden kann, ohne diesen Einfluß des Krieges zu berücksichtigen. Der Krieg selbst stellt eine kolossale soziale Krise dar.

Doch zurück zum ersten Nachkriegszyklus, der von 1948 bis 1957 dauerte. Diese relativ lange Dauer führt Arsumanjan auf folgende Besonderheiten zurück:

1. der Zyklus entwickelte sich auf der Grundlage der verschärften Krise des kapitalistischen Systems, das durch eine große Instabilität gekennzeichnet war;
2. die Erneuerung des fixen Kapitals erfolgte im Zyklus 1948–57 in viel größerem Maßstabe als in früheren Zyklen. Dabei erfolgte diese Erneuerung unter den Bedingungen einer stürmischen Entwicklung der Technik;
3. der Zyklus entwickelte sich unter den Bedingungen des „kalten Krieges" und des Rüstungsfiebers in den kapitalistischen Ländern. Die Rüstungsausgaben betrugen in den USA 22%, in England 12% und in Frankreich 16% des Nationaleinkommens. Militarismus und Krieg führen zum Ruin der Nation. Für einen bestimmten Zeitabschnitt jedoch, wenn die Rüstungsbetriebe gebaut werden und die Nachfrage nach Rohstoffen wächst, wirkt der Militarismus wie ein neuentdeckter Markt. Hinzu kommt die große Veränderung der Kriegstechnik gerade in diesem Jahrzehnt;

4. in der kapitalistischen Welt sind große strukturelle Veränderungen vor sich gegangen. Sie wurden durch verschiedene Tatsachen hervorgerufen: den Abfall einer Reihe von Ländern vom kapitalistischen System und die Bildung des sozialistischen Lagers, den Zerfall des imperialistischen Kolonialsystems, die notwendige Änderung der Struktur des Exports u. a. So mußten England und Japan die Struktur ihrer Produktion beträchtlich ändern und das Schwergewicht des Exports von Konsumtionsgütern auf Produktionsmittel verlegen;
5. die chronische Inflation untergräbt die kapitalistische Wirtschaft;
6. obwohl der persönliche Verbrauch in den kapitalistischen Ländern pro Kopf der Bevölkerung gar nicht oder nur sehr wenig gewachsen ist, wurde er insgesamt größer, wobei der Konsumentenkredit eine große Rolle gespielt hat.

Die Krise, die im Herbst 1957 einsetzte, machte sich besonders in den USA bemerkbar, wo die Industrieproduktion vom Dezember 1956 bis April 1958 um ca. 15% zurückging. Die Ausnutzung der Produktionskapazität sank im April 1958 in der Stahlindustrie auf 47%, in der Automobilindustrie auf 32%. Die Zahl der Bankrotte nahm gegenüber dem Vorjahr um 10% zu. Es fanden Massenentlassungen statt, der Reallohn sank. Die Investitionen gingen zurück, Export und Binnenhandel verringerten sich. Ebenso begannen die Profite zu sinken. Mit einem Wort, 1957/58 waren in den USA fast alle Anzeichen einer „klassischen" Krise vorhanden. Die Krise blieb auch nicht auf Amerika beschränkt, in Kanada, einer Reihe westeuropäischer Länder und Japan begann die Produktion zu sinken. Der kapitalistische Weltmarkt für Rohstoffe war schon längere Zeit von einer Überproduktionskrise erfaßt.

Die Analyse der Krise von 1957/58 im heute klassischen Land des Kapitalismus zeigt, daß das Krisengesetz im wesentlichen noch in klassischer Weise wirkt. Arsumanjan betont immer wieder, daß der Kapitalismus nicht fähig ist, dieses Gesetz zu überwinden, weil er seinen Grundwiderspruch zwischen Produktivkräften und Produktionsverhältnissen nicht nur nicht überwinden kann, sondern im Gegenteil immer mehr verschärft. Dabei hebt Arsumanjan an vielen Stellen immer wieder hervor, daß die ungenügende Kaufkraft der werktätigen Massen ein bedeutender Faktor in der Entfaltung der Krisen ist. So z. B. wenn er schreibt: „Die Grenzen der Produktion werden im Kapitalismus durch den Rahmen des Marktes bestimmt, die Grenzen des Marktes aber stoßen letzten Endes auf die enge Basis des Verbrauchs der Werktätigen."

Wenn das Krisengesetz nicht aufgehoben ist und im Kapitalismus auch nicht aufgehoben werden kann, so dürfen doch die neuen Erscheinungen in der kapitalistischen Ökonomie, insbesondere die Monopole und der staatsmonopolistische Kapitalismus, bei der Erforschung des Bewegungsmechanismus nicht vernachlässigt werden, denn sie haben nicht geringen Einfluß auf den Verlauf des Zyklus und auf die Krisen. Auch mit diesen Fragen, besonders dem staatsmonopolistischen Kapitalismus, beschäftigt sich Arsumanjan. Nach der allgemeinen Feststellung, daß der Kapitalismus die Überproduktionskrisen nicht beseitigen kann, behandelt der Autor den Einfluß der neuen Erscheinungen des Kapitalismus auf den Bewegungsprozeß des Kapitals. Er kommt zu dem Schluß, daß sie einerseits zu einer größeren Häufigkeit der Krisen, also einer Verkürzung des Zyklus geführt und andererseits die Asynchronität des Weltzyklus erhöht haben, d. h., daß seine Einheitlichkeit abgeschwächt wurde. Diese letztere Erscheinung ist aber keineswegs darauf zurückzuführen, daß es einigen Ländern endlich gelungen sei, ein „Gegengift" gegen die Krisen zu finden. Die „Asynchronität" erklärte sich aus der Wirkung einer Reihe von Faktoren auf die zyklische Bewegung. Arsumanjan führt als wichtigste folgende Faktoren an:

die breite Ausnutzung staatsmonopolistischer Maßnahmen innerhalb einzelner Länder und in den internationalen wirtschaftlichen Beziehungen;
der Einfluß der Folgen des zweiten Weltktieges, deren Liquidierung sich äußerst lange hinzieht;

die gewaltigen Ausmaße der Rüstungen, wie sie in Friedenszeiten nie dagewesen sind;

der außerordentlich beschleunigte wissenschaftlich-technische Fortschritt und die großen Veränderungen in der ökonomischen Struktur aller entwickelten kapitalistischen Länder;

der Übergang der Landwirtschaft in den entwickelten kapitalistischen Ländern zum Maschinenstadium der Produktion;
der Zusammenbruch des Kolonialsystems und die beträchtlichen Veränderungen in der Zweigstruktur der Wirtschaft in den Metropolen und in den früheren Kolonien;

die Veränderungen in der Struktur des persönlichen Verbrauchs, besonders im Zusammenhang mit der breiten Entwicklung des Konsumentenkredits.

Das sind zwar nicht alle, aber doch eine Reihe der wichtigsten neuen Erscheinungen im heutigen Kapitalismus, die auf die zyklische Bewegung des Kapitals Einfluß haben und deshalb von der Krisenforschung studiert werden müssen, wobei zu beachten ist, daß sie nicht in allen kapitalistischen Ländern in gleichem Maße wirken.

Im Zusammenhang mit der Bedeutung, die der Konsum der Werktätigen oder besser ihre zahlungsfähige Nachfrage für das Krisenproblem hat, ist auch der Abschnitt von besonderem Interesse, in dem Arsumanjan *die Lage des Proletariats* in den kapitalistischen Ländern und die internationale Arbeiterbewegung behandelt. Das theoretische Hauptproblem in diesem Abschnitt ist die Verelendungstheorie. Arsumanjan polemisiert mit jenen bürgerlichen Ökonomen, die eine absolute Verelendung des Proletariats im Kapitalismus ablehnen und die Verelendungstheorie als einen Anachronismus bezeichnen. Aber — um es vorwegzunehmen — Arsumanjan ist weit von jener vulgären Auffassung entfernt, die behauptet, daß es der Arbeiterklasse von Jahr zu Jahr, von Jahrzehnt zu Jahrzehnt schlechter gehe. Er geht dabei auch auf das Lenin-Zitat aus dem Artikel „Die Verelendung in der kapitalistischen Gesellschaft" von 1912 ein, das zur Stützung jener simplen Auffassung gern herangezogen wird, und in dem Lenin sagt: „Der Arbeiter verelendet *absolut*, das heißt, er wird geradezu ärmer als früher, ist gezwungen, schlechter zu leben, sich kärglicher zu ernähren, sich immer weniger satt zu essen, in Kellerräumen und Dachstuben zu hausen."

Arsumanjan erläutert, daß sich dieses Zitat auf die Lage der Arbeiterklasse in Deutschland in einem ganz bestimmten Zeitabschnitt bezieht, daß Lenin aber nicht gesagt hat, der Reallohn müsse undedingt, in allen Ländern und die ganze Zeit, von Jahr zu Jahr sinken. Was die Entwicklung für längere Zeiträume anbelangt, erklärt Arsumanjan ganz eindeutig, daß die Marxisten niemals erklärt haben, der Umfang des notwendigen Produktes, das die ausgebeuteten Massen erhalten (d. h. der Reallohn), wäre bei der Ablösung einer antagonistischen Gesellschaftsformation durch eine andere geringer geworden. Im Gegenteil, die Marxisten meinten und meinen, daß der Umfang des notwendigen Produktes historisch größer geworden ist, weil sich die Produktivkräfte entwickelt haben, neue Produktionsverhältnisse entstanden sind und sich eine neue Lebensweise herausgebildet hat. Der Autor weist auf die Worte Lenins hin, daß die Entwicklung des Kapitalismus unvermeidlich ein Anwachsen des Verbrauchsniveaus der ganzen Bevölkerung und auch des Proletariats mit sich bringt. Die historische Entwicklung zeigt, daß diese Auffassung unbedingt den Tatsachen entspricht, wenn wir größere Zeiträume betrachten und zyklische Schwankungen und andere Umstände außer acht lassen, in denen ein absolutes Absinken des Lebensniveaus durchaus möglich ist.

Es ist darum auch sehr wenig sinnvoll, die Lohnentwicklung etwa für ein Jahrhundert zu vergleichen, weil sich das allgemeine Lebensniveau in hundert Jahren so verändert hat, daß die Größen ganz inkommensurabel werden.

Worin besteht dann aber die absolute Verelendung? (Von der relativen Verelendung will ich hier absehen, weil sie weniger umstritten ist.) Arsumanjan leitet die absolute Verelendung der Arbeiterklasse im Kapitalismus aus dem Verhältnis zwischen dem Wert der Arbeitskraft und dem Reallohn ab. Er sagt, um den Prozeß der absoluten Verelendung des Proletariats aufzudecken, muß man vor allem das Verhältnis des Wertes der Arbeitskraft zum Reallohn betrachten, dessen Bewegung die grundlegende Kennziffer für die ökonomische Lage der Arbeiterklasse ist. Dabei betont Arsumanjan, daß sowohl der Wert der Arbeitskraft wie der Reallohn veränderliche Größen sind. Auf die Größe des Wertes der Arbeitskraft wirken zwei entgegengesetzte Tendenzen. Einerseits wird der Wert der Arbeitskraft durch die Steigerung der Arbeitsproduktivität bei der Herstellung von Waren, die in den Konsum der Arbeiterklasse eingehen, verringert (Marx: Produktion des relativen Mehrwertes). Andererseits geht aber in den Wert der Arbeitskraft im Unterschied zu anderen Waren ein historisches und ein moralisches Element ein: mit der Steigerung des allgemeinen Lebensniveaus steigt auch der Wert der Arbeitskraft. Vor allem spielt hier auch der Klassenkampf der Arbeiter eine große Rolle. Die absolute Verelendung der Arbeiterklasse der kapitalistischen Länder erscheint nun, so sagt Arsumanjan, im Herabsinken des Reallohns unter den Wert der Arbeitskraft. Andere Erscheinungsformen der absoluten Verelendung sind ferner die Proletarisierung der Bevölkerung in der kapitalistischen Gesellschaft, die Entstehung einer gewaltigen Arbeitslosenarmee, die argrarische Überbevölkerung, die große Intensifikation der Arbeit u. a. Eindeutig kommt die absolute Verelendung der Arbeiterklasse in den kapitalistischen Ländern nach der Auffassung Arsumanjans darin zum Ausdruck, daß sich der Unterschied zwischen dem Arbeitslohn und dem Wert der Arbeitskraft historisch vergrößert, d. h., daß der Arbeitslohn immer mehr hinter dem Wachstum des Wertes der Arbeitskraft zurückbleibt. In gewissem Widerspruch zu dieser These steht es aber, wenn Arsumanjan in Polemik gegen „linke“ Ökonomen, die behaupten, die Arbeiterklasse bekäme von Jahr zu Jahr weniger, schreibt, daß diese Auffassung den Reallohn völlig vom Wert der Arbeitskraft löst. Der Arbeitslohn ist aber — so fährt er fort — der Preis der Arbeitskraft, und die Schwankungen des Arbeitslohnes müssen sich alle Zeit um die Höhe des Wertes der Arbeitskraft vollziehen. Wenn dem aber so ist, dann kann der Reallohn nicht in der Regel unter dem

Wert der Arbeitskraft liegen oder gar historisch immer mehr hinter dem Wert der Arbeitskraft zurückbleiben.

Der Wert der Arbeitskraft ist quantitativ sehr schwer zu erfassen. Darum ist es notwendig, so sagt der Autor, den Reallohn mit dem Existenzminimum zu vergleichen, das von verschiedenen Institutionen ermittelt wird. Das Existenzminimum ist nicht mit dem Wert der Arbeitskraft identisch, aber es steht diesem näher als der Reallohn. Arsumanjan untersucht diese beiden Reihen in der Nachkriegszeit in den USA und weist nach, daß die Entwicklung des Reallohnes hinter der Steigerung des Existenzminimums zurückbleibt. Die Tatsachen zeigen also, so schlußfolgert er, daß der Prozeß der absoluten Verelendung der Arbeiterklasse fortdauert.

Im Zusammenhang mit diesen Darlegungen behandelt der Autor eine wichtige methodologische Frage. Welche bestimmte Periode soll bei der Analyse der Dynamik des Reallohnes als Ausgangspunkt (als Bezugsbasis) genommen werden? Er weist nach, daß der einzig richtige Ausgangspunkt jenes hohe Niveau des Reallohnes ist, das die Arbeiterklasse im harten Klassenkampf in der gegebenen Periode in dem betreffenden Lande errungen hat.

Ausführlich geht Arsumanjan auf das von vielen bürgerlichen Ökonomen verbreitete Märchen ein, in den USA ginge in den letzten Jahren eine Ausgleichung der Einkommen der verschiedenen Bevölkerungsschichten vor sich. Mit diesem Märchen wollen die bürgerlichen Ökonomen weismachen, daß sich im modernen Kapitalismus die sozialen Gegensätze vermindern. Der Autor stellt dem einige nackte Zahlen entgegen: 75 Finanzmagnaten der USA haben ein persönliches Vermögen von je 75 Millionen bis 1 Milliarde Dollar, etwa 3 Millionen amerikanische Familien haben ein jährliches Einkommen bis 1000 Dollar!

Abschließend kommt der Autor (1958) zu dem Schluß, daß die Nachkriegsperiode im ganzen der Arbeiterklasse der kapitalistischen Länder keine wesentliche Verbesserung ihrer Lage gebracht hat. Soweit einzelne Verbesserungen eintraten, waren sie Resultate des hartnäckigen Kampfes der Arbeiterklasse.

Diesem *Kampf der Arbeiterklasse* widmet Arsumanjan nicht wenige Seiten seiner Arbeiten. Er weist darauf hin, daß schon durch das zahlenmäßige Anwachsen des Proletariats der Klassenkampf zugenommen hat. Anfang der 50er Jahre unseres Jahrhunderts betrug die Zahl der Arbeiter und Angestellten in den kapitalistischen Ländern 300 Millionen. Davon kamen 160 Millionen auf die entwickelten kapitalistischen Länder und 140 Millionen auf die schwachentwickelten Länder. In allen kapitalistischen Ländern wächst nicht nur die Zahl der Arbeiter, es verschärft sich auch ihre Ausbeutung. Die Arbeiterklasse und alle Werktätigen antworten auf die Verschärfung der Ausbeutung mit einer Zunahme der Streikkämpfe. Arsumanjan stellt sehr eindrucksvolle Zahlen über den Umfang der Streiks nach den beiden Weltkriegen gegenüber. Danach betrug die Zahl der Streiks in allen kapitalistischen Ländern

von 1919—1939	177400
von 1946—1960	247400

und die Zahl der Streikenden

von 1919—1939	80,8 Millionen
von 1946—1960	222,6 Millionen.

Diese Zahlen zeigen recht anschaulich, wie lächerlich das Gerede von der Überwindung der Klassengesellschaft und des Klassenkampfes in den kapitalistischen Ländern ist. Der Klassenkampf hat ungeheuer an Umfang zugenommen. Dabei weist er gegenüber den Streikkämpfen nach dem ersten Weltkrieg einige Besonderheiten auf.

Die Entwicklung der Landwirtschaft zum fabrikmäßiegn Stadium der Produktion und in Europa besonders die von den Monopolen durchgeführte Politik der „Integration" beschleunigt den Ruin der kleinen und mittleren Bauernschaft und treibt sogar großbäuerliche Wirtschaften zum Ruin. Die Bauern setzen sich dagegen zur Wehr. Besonders in großen kapitalistischen Ländern Europas erleben wir Bauernbewegungen, wie sie in der modernen Geschichte noch nicht dagewesen sind. In den schwachentwickelten Ländern aber ist die Agrar- und Bauernfrage die Hauptfrage der Entwicklung.

Arsumanjan geht auch auf die Taktik der Arbeiterbewegung und der kommunistischen Parteien gegenüber diesen Bauernbewegungen ein und hebt hervor, daß sie den Bauern im Kampfe gegen das Monopolkapital zur Seite stehen, daß sie ihnen helfen, Genossenschaften zu gründen usw.

Eine weitere wichtige Besonderheit der anwachsenden Streikbewegung besteht darin, daß nicht nur Arbeiter und Angestellte in Industrie, Handel usw. an diesen Kämpfen teilnehmen, sondern immer breitere Schichten davon erfaßt werden. Bekannt sind die großen Streiks von Staatsbeamten, Lehrern, Angestellten des Gesundheitsdienstes, Studenten usw., die in einigen kapitalistischen Ländern stattfanden. Sie zeigen, wie die Basis des Monopolkapitals in der Bevölkerung immer schmaler, die Front der Verbündeten der Arbeiterklasse immer breiter wird.

Schließlich besteht eine weitere Besonderheit der Streikbewegung nach dem zweiten Weltkrieg darin, daß der Anteil der politischen Streiks beträchtlich zugenommen hat. 1958—59 betrug der Anteil der politisch Streikenden 44 bzw. 46% der Gesamtzahl der Streikenden, 1961 bereits 60—62%. Dieses Überwiegen der politischen Forderungen in den Kämpfen der Arbeiterklasse, sagt Arsumanjan, zeugt vom Übergang der Arbeiterbewegung zu einer höheren Stufe, vom Wachsen des Bewußtseins der Arbeiterklasse, daß ihre Interessen den Interessen des Monopolkapitals unversöhnlich entgegegengesetzt sind.

Der Autor zeigt auf, daß das Auftreten der Arbeiterklasse für das Monopolkapital besonders deshalb bedrohlich ist, weil die Streikkämpfe der letzten Jahre eng mit dem stürmischen Aufschwung der zahlreichen allgemeindemokratischen Massenbewegungen verschmolzen sind, an denen sich die verschiedensten Bevölkerungsschichten beteiligen, vor allem mit dem Kampf der Völker für Frieden und friedliche Koexistenz. Diesem Kampf ist ein besonderer Abschnitt des Sammelbandes gewidmet, auf dessen Hauptprobleme bereits eingegangen wurde.

Zum Schluß bleibt zu erwähnen, daß Arsumanjan in allen seinen Arbeiten als unermüdlicher Kämpfer für die Reinheit der marxistisch-leninistischen Theorie, als Streiter gegen die bürgerliche Ideologie auftritt. Durch alle seine Publikationen zieht sich jene polemische Note, die den Werken unserer Klassiker so großen Reiz gibt und die viele unserer jüngeren marxistischen Ökonomen noch nicht beherrschen. Auch in dieser Beziehung können wir aus dem Buch Arsumanjans viel lernen.

FRED OELSSNER

Zur gegenwärtigen Planungsdiskussion in Westdeutschland[1]

In den letzten zwei Jahren ist die seit mehr als vier Jahrzehnten in der bürgerlichen Ökonomie geführte Diskussion um eine staatliche „Planung" der Wirtschaft in eine neue Phase eingetreten. Die jüngsten Auseinandersetzungen, die vor allem in Westdeutschland zwischen den Neoliberalen auf der einen und den meisten übrigen bürgerlichen Ökonomen auf der anderen Seite geführt werden, fanden bereits in vielen Publikationen ihren Niederschlag. Zahlreiche Zeitschriften- und Zeitungsartikel sowie eine Reihe Konferenzen wurden diesem Thema gewidmet. Dabei wurde sichtbar, daß es sich in dieser Diskussion nicht, auch wenn das manchmal den Anschein haben mochte, um prinzipiell gegensätzliche Ansichten handelt. Es stehen sich vielmehr zwei unterschiedliche bürgerliche Auffassungen über das Funktionieren des kapitalistischen Wirtschaftssystems gegenüber und — zum Teil jedenfalls — daraus abgeleitet zwei verschiedene wirtschaftspolitische Konzeptionen gegenüber, in denen sich die gegensätzlichen Interessen der verschiedenen Monopolgruppen widerspiegeln.

Den unmittelbaren Anlaß für die jüngste, sehr heftig geführte Planungsdiskussion boten einige Ausführungen des Memorandums der EWG-Kommission über das Aktionsprogramm für die zweite Integrationsstufe, vor allem im Kapitel VII. In diesem Kapitel heißt es u. a.:

> „Nach Auffassung der Kommission muß die Gemeinschaft über ihre künftige Entwicklung eine mehrere Jahre umfassende Übersicht haben. *Diese Vorausschau wäre keinesfalls gleichbedeutend mit einem autoritären Plan, der die Freiheit des Marktes beeinträchtigten und den Privatunternehmen vorgeschrieben würde, sondern vergleichbar mit einem Rahmen, in den sich die Maßnahmen der Regierungen und der Institutionen der Gemeinschaft einfügen würden.* Ausgangspunkt wäre eine Berechnung der Expansionsmöglichkeiten der Wirtschaft in dem betreffenden Zeitraum auf der Grundlage der gegenwärtigen Wirtschafts- und Finanzpolitik der einzelnen Länder; sodann müßte festgelegt werden, welche Verbesserungen an dieser Politik vorgenommen werden könnten. *Der Leitgedanke wäre eine möglichst vollständige Ausnutzung der produktiven Möglichkeiten der Gemeinschaft,* ohne daß inflationistische Spannungen entstehen. Man könnte eine solche Gesamtschau als ‚Programm' bezeichnen; selbstverständlich wäre dieses Programm angesichts nicht vorherzusehender Ereignisse und Entwicklungen laufend zu berichtigen."[2]

Aus diesen Darlegungen sind Charakter und Zielsetzung der Planung bzw. „Programmierung" klar ersichtlich. Es handelt sich inhaltlich vor allem um eine mittelfristige Prognose, mit deren Hilfe alle Vorteile und Möglichkeiten einer ökonomischen Expansion genutzt werden sollen. Die mittelfristigen Prognosen dienen in diesem Sinn als Grundlage für eine rationelle Wachstums-

[1] Vorliegende Arbeit gibt an Hand der neuesten Publikationen einen Überblick über die wichtigsten Diskussionspunkte. Sie stützt sich vorwiegend auf folgende Arbeiten: „Planung ohne Planwirtschaft", Frankfurter Gespräch der List-Gesellschaft, Kyklos-Verlag Basel, J. C. B. Mohr (Paul Siebeck), Tübingen 1964; „Langfristige Programmierung innerhalb der Marktwirtschaft", Beihefte der Konjunkturpolitik, H. 10, Berlin 1963; „Programmierung im Gemeinsamen Markt", Schriftenreihe der Forschungsstelle der Friedrich-Ebert-Stiftung, Verlag für Literatur und Zeitgeschehen, Hannover 1963.

[2] Zitiert aus: Planung ohne Planwirtschaft, a. a. O., S. 288. (Hervorhebungen — A. B.)

und Strukturpolitik, ohne daß prinzipielle Veränderungen in der kapitalistischen Eigentumsordnung herbeigeführt werden.

Erhard nahm in einer Debatte des (West-)Europäischen Parlaments in Straßburg den eben zitierten Passus zum Anlaß für eine entschiedene Kritik am Memorandum. Er bezeichnete das Aktionsprogramm als zu „planwirtschaftlich" und sagte:

> „Wenn ich das Ganze nehme, dann habe ich persönlich den Eindruck, daß in diesem Konzert die zentralistischen Zwischentöne und Nebengeräusche nicht zu überhören sind ... Wichtig scheint mir die Erkenntnis zu sein, daß man schlecht *zwei Ordnungssysteme nebeneinander stellen kann. Man kann nicht auf der einen Seite Wettbewerb und auf der anderen Seite Planung, Planifikation und Programmierung haben wollen.*"[3]

Das Memorandum selbst und zahlreiche kommentierende Ausführungen maßgeblicher Wirtschaftspolitiker der EWG-Kommission zeigen, daß in der EWG keineswegs zwei verschiedene Ordnungssysteme einander gegenübergestellt werden sollen. Es geht um die Entwicklung und Anwendung eines bestimmten wirtschaftspolitischen Instrumentariums. Erhards Opponenten brachten zum Ausdruck, daß sie in keiner Weise für eine sozialistische Wirtschaft eintreten. Die von ihnen geforderte Planung hat auch mit sozialistischer Planung nichts zu tun, sondern bedeutet ökonomische Vorausschau und Koordinierung der wirtschaftspolitischen Maßnahmen der imperialistischen Staaten. In diesem Sinne aber wendet heute die Mehrheit der bürgerlichen Ökonomen den Planungsbegriff auch in gesamtwirtschaftlicher Hinsicht ohne Vorbehalte an. Während in den dreißiger Jahren und unmittelbar nach dem zweiten Weltkrieg die Planung noch zum großen Teil als ein systemeigener Bestandteil der sozialistischen Wirtschaft angesehen wurde, ist seither der Planungsbegriff mit einem eindeutig kapitalistischen Inhalt ausgestattet worden, wozu auch die rechtssozialistischen Ökonomen wesentlich beigetragen haben. Bürgerliche und sozialdemokratische Theoretiker bezeichnen die Regulierungsmaßnahmen des kapitalistischen Staates als Planung und treten als Anhänger dieser Planung auf. Ein Beweis dafür ist die Planungspraxis in Schweden, Norwegen, Frankreich, Großbritannien u. a. Ländern nach dem zweiten Weltkrieg. In Westdeutschland forderte nach 1945 hauptsächlich die SPD-Führung eine gesamtwirtschaftliche Planung, allerdings unter Beibehaltung eines breiten kapitalistischen Eigentumssektors. Die SPD propagierte bis um die Mitte der fünfziger Jahre eine Übernahme der rationellen Elemente aus dem kapitalistischen und sozialistischen Wirtschaftssystem. Vom Kapitalismus sollte der „Wettbewerb", vom Sozialismus die Volkswirtschaftsplanung, aber nur in einer für die Unternehmer unverbindlichen Form, übernommen werden. Die CDU und die verantwortlichen Wirtschaftspolitiker widersetzten sich jedoch bis vor kurzem — jedenfalls in der Theorie — entschieden *allen* Planungsmaßnahmen. Ihre theoretische Argumentation bezogen sie früher wie heute aus Walter Euckens Wirtschaftstheorie. Nach Eucken gibt es zwei Grundtypen von Wirtschaftssystemen: die „freie Verkehrswirtschaft" und die „Zentralverwaltungswirtschaft", zwischen denen ein unversöhnlicher Gegensatz besteht. Dieser Gegensatz läßt es nicht zu, daß die gesamtwirtschaftliche Planung als Wesenselement der Zentralverwal-

[3] „Europäische Wirtschaft", H. 23/24, 1962, 5. Jg., S. 292. (Hervorhebung — A. B.)

tungswirtschaft in der Verkehrswirtschaft angewandt wird. Damit argumentierten die Neoliberalen auch gegenüber den rechten SPD-Theoretikern, die eine Verbindung von Wettbewerb und Planung propagierten. Die rechten SPD-Theoretiker vertraten in Anlehnung und Weiterführung der Gedanken von Keynes die Ansicht, daß in der kapitalistischen Wirtschaft auf Grund zu großer Sparneigung einerseits und zu geringer Investitionsneigung andererseits ein makroökonomisches Nachfragedefizit besteht, das nur durch staatliche Planungsmaßnahmen, hauptsächlich im Bereich der Investitionen, beseitigt werden kann. Sie entwickelten Planungsinstrumente wie das Nationalbudget, mit denen die kapitalistische Wirtschaft stabilisiert werden sollte. Karl Schiller prägte in diesem Zusammenhang die Losung: „Wettbewerb soweit wie möglich — Planung soweit wie nötig". Damit wollte er zum Ausdruck bringen, daß der „freie Wettbewerb" zwar nach wie vor eine Realität sei, allerdings durch staatliche Planungsmaßnahmen ergänzt und in seiner Wirkung effektiver gestaltet werden müsse. Die rechten SPD-Theoretiker behaupten, Wettbewerb und Planungständen in einem Komplementärverhältnis zueinander, und es komme darauf an, auch die Voraussetzungen für ein optimales Wirken beider Elemente zu schaffen. Schiller erklärte das Wesen der Verbindung von Wettbewerb und Planung einmal wie folgt:

> „Die optimalen Funktionsbedingungen für die Planung liegen im makroökonomischen Raum, für den Wettbewerb dagegen in den mikroökonomischen Beziehungen der Wirtschaftssubjekte."[4]

Gegenstand dieser im makroökonomischen Raum liegenden Planung sind demgemäß Globalgrößen wie Volkseinkommen, Investitionen, Verbrauch usw. Sie werden in Bilanzform zusammengefaßt, um in groben Zügen den Ablauf des volkswirtschaftlichen Reproduktionsprozesses in der näheren Zukunft erkennen zu können. Obwohl bereits daraus ersichtlich ist, daß die sozialdemokratischen Führer keine sozialistische Planung anstrebten, sondern eine kapitalistische Regulierung, vertraten die Neoliberalen in ihrer Auseinandersetzung mit den Sozialdemokraten die Ansicht, daß man „Wettbewerb" und „Planung" prinzipiell nicht miteinander verbinden könne, da sie Bestandteile gegensätzlicher Wirtschaftssysteme seien. Als Hauptargumente gegen die Planung führten sie an:

1. Die Planungsmaßnahmen untergraben die Grundlagen der Marktwirtschaft und verursachten eine Entwicklung zur „kommunistischen Zwangswirtschaft", da jeder Eingriff in die Marktwirtschaft weitere Eingriffe nach sich ziehe, bis es schließlich keine Marktwirtschaft mehr gäbe.
2. Die Planwirtschaft sei durch Bürokratie charakterisiert und verfalle schnell der Korruption.
3. Die Marktwirtschaft sei produktiver und anpassungsfähiger als die staatliche Planwirtschaft. Sie reagiere schneller und mit geringeren Verlusten auf strukturelle Veränderungen.

Diese Argumente sind entweder völlig unbegründet oder enthalten nur zum Teil richtige Gesichtspunkte. Die wirtschaftspolitischen Maßnahmen des kapitalistischen Staates führen, auch wenn sie die materielle Basis für den Übergang

[4] Karl Schiller, Sozialismus und Wettbewerb. In: Grundfragen moderner Wirtschaftspolitik, Frankfurt/Main, o. J., S. 248.

zum Sozialismus erweitern, keineswegs automatisch zum Sozialismus. Sie dienen der Stabilisierung des kapitalistischen Systems. Der neoliberalen Argumentation liegen aber insofern begründete Besorgnisse zugrunde, als die Idee einer volkswirtschaftlichen Planung bei den Menschen in den kapitalistischen Ländern tief verwurzelt ist. Die Neoliberalen befürchten daher, daß diese Menschen der Planung ihren richtigen, antikapitalistischen Sinn geben könnten. Deshalb halten sie es für zweckmäßig, alle tatsächlich oder scheinbar mit der Planung verbundenen Gedanken im Keime zu ersticken, um so jeder gefährlichen Entwicklung vorzubeugen.

Selbstverständlich besteht zwischen einer Planung in wissenschaftlichem Sinne und der kapitalistischen Konkurrenz keine Verbindung oder gegenseitige Ergänzung. Sie schließen sich aus, da sie auf einander entgegengesetzten sozialen Voraussetzungen beruhen. Die von der SPD und heute auch von den meisten bürgerlichen Ökonomen propagierte „Planung" ist jedoch mit der Konkurrenz vereinbar, da sie ohne Vergesellschaftung der Produktionsmittel und unter Beibehaltung der kapitalistischen Eigentumsordnung durchgeführt werden soll. Die wichtigste Aufgabe dieser Planung ist die Stabilisierung des kapitalistischen Wirtschaftssystems. Diese Aufgabe wird aus den Gebrechen und Unzulänglichkeiten dieses Systems abgeleitet, vor allem aus einem mangelhaften Funktionieren des sogenannten Wettbewerbsmechanismus und den für die Existenz des Kapitalismus unheilvollen sozialen Folgen des Wirkens der ökonomischen Gesetze. Hans von der Groeben sagt dazu u. a.:

> „Wichtige Bereiche der Wirtschaft sind wettbewerblicher Form mehr oder minder entzogen. Entweder weil das System nicht anwendbar ist — das gilt für die Infrastrukturaufgaben des Staates — oder weil es zu soziologisch unerwünschten Folgen führen würde."[5]

In gleicher Weise äußert sich auch Bombach:

> „Es gibt Bereiche, in welchen der klassische Marktmechanismus nicht mehr funktionieren kann oder überhaupt außer Kraft gesetzt worden ist."[6]

Natürlich wird von den bürgerlichen Ökonomen nicht zugegeben, daß es sich bei diesen Mängeln um systemeigene Erscheinungen handelt. Es wird vielmehr stets der Eindruck zu erwecken versucht, als könne durch staatliche Maßnahmen die Funktionsfähigkeit des kapitalistischen Systems wiederhergestellt werden. Das ist jedenfalls der Grundgedanke der bürgerlichen Planungskonzeption. Der staatliche Plan soll, wie es Bombach formuliert, Anhaltspunkte für unternehmerische Entscheidungen bieten und damit den Koordinationsprozeß der Marktwirtschaft erleichtern, um Reibungsverluste zu vermeiden, die Sicherheit und Freiheit der Unternehmen zu erhöhen und die gesamte Wirtschaft im Zustand eines dynamischen Gleichgewichts zu halten. Wenn, wie die bürgerlichen Ökonomen teilweise eingestehen, das bisher nur unzureichend gelungen sei, so liege das an der mangelhaften Entwicklung bzw. Nichtanwendung des Planungsinstrumentariums.

In der neueren Planungsdiskussion spielen nicht nur diese Grundprobleme eine Rolle, sondern, weit stärker als früher, bestimmte Gegensätze zwischen nationalen und internationalen Monopolgruppen sowie gewisse Einzelprobleme der Planung. Außerdem ist in den letzten drei Jahren eine Tendenz der Annä-

[5] Planung ohne Planwirtschaft, a. a. O., S. 195.
[6] Ebenda, S. 54.

herung der verschiedenen Standpunkte, vor allem durch die Einschränkung der ideologischen Vorbehalte der Neoliberalen gegenüber der Planung zu beobachten.

Mit welchen Einzelargumenten wenden sich nun die Neoliberalen heute gegen die Planung und ihre einzelnen Bestandteile?

Beginnen wir mit einer grundsätzlichen Bemerkung von Müller-Armack.

„Zum Vorschlag einer längerfristigen Programmierung frage ich mich: Was hat sich eigentlich ereignet, daß man glaubt, diese Ordnung (die in Westdeutschland herrschende, A. B.) ändern zu müssen? Wenigstens von deutscher Seite aus müssen wir diese Frage stellen. Wo ist innerhalb des Bereiches, der wettbewerblich geregelt ist oder sein wird, die Disparität in Erscheinung getreten, die von uns veranlaßt, etwas Neues zu suchen und einen wesentlich anderen Weg zu gehen?"[7]

Ebenso wie Erhard in Straßburg nimmt Müller-Armack die Auseinandersetzung mit einer wirtschaftspolitischen Methode zum Anlaß, um einen Gegensatz zwischen der „Sozialen Marktwirtschaft" in Westdeutschland und der ebenso kapitalistischen Wirtschaftsordnung in Frankreich zu konstruieren. Tatsächlich gibt es weder in Westdeutschland die von Müller-Armack zitierte „Wettbewerbsordnung", sondern härteste Konkurrenz zwischen den großen Monopolen, noch einen prinzipiellen Unterschied zwischen dem westdeutschen und französischen Wirtschaftssystem. In Frankreich ist nur das wirtschaftspolitische Instrumentarium weiter entwickelt als in Westdeutschland und wird auch intensiver angewandt. Die mittelfristige Prognosebildung, die Mehrjahrespläne und die verschiedenen wirtschaftspolitischen Maßnahmen zeigen das sehr deutlich.

Müller-Armack gesteht zwar zu, daß die „Soziale Marktwirtschaft" eine Synthese zwischen planerischen und marktwirtschaftlichen Elementen ist, wobei die Planung vor allem im staatlichen Sektor und im Staatshaushalt Anwendung findet, wo sie von ihm auch akzeptiert wird. Mittelfristige Programmierung und Prognosetätigkeit sei aber trotzdem kein wesentliches Element der staatlichen Wirtschaftspolitik in der Marktwirtschaft und vor allem aus zwei Gründen fehl am Platz. Erstens, weil die Prognosen angeblich zum Gegenstand einer wirtschaftspolitischen Autorisation gemacht werden sollen. Dieses teilweise recht fragwürdige Argument findet sich seit Jahren in zahlreichen neoliberalen und offiziellen Regierungspublikationen. So wird in einer Stellungnahme des Bundeswirtschaftsministeriums aus dem Jahre 1960 im Zusammenhang mit der Anwendung eines Nationalbudgets ausgeführt:

„Wenn die verantwortliche wirtschaftspolitische Instanz ein Orientierungsbudget veröffentlicht, erklärt sie damit unausgesprochen, daß sie die aufgezeigte Entwicklung unter Abwägung aller Gesichtspunkte als die erstrebenswerte anerkennt. Sie riskiert, daß ihr selbst unvermeidbare Abweichungen von dieser Entwicklung als Unfähigkeit zur Last gelegt werden ... Jeder amtliche ‚Blick in die Zukunft' muß in der Öffentlichkeit mit Fug und Recht als eine Art Programm gewertet werden. Es verwandelt sich sofort zu einem quantitativen Wunschbild, und seine Realisierung wird nolens volens zur Regierungsaufgabe."[8]

[7] Langfristige Programmierung ..., a. a. O., S. 21.

[8] Möglichkeiten und Grenzen volkswirtschaftlicher Gesamtrechnungen als Hilfsmittel der Wirtschaftspolitik, Sonderheft zum Bericht über die wirtschaftliche Lage in der Bundesrepublik, H. 5, 1960, S. 19.

Inzwischen hat Erhard zwar ein sogenanntes Orientierungsbudget akzeptiert, für die staatliche Wirtschaftspolitik verbindliche Prognosen werden aber weiterhin entschieden abgelehnt, um zu vermeiden, daß durch sie die Unfähigkeit der staatlichen Organe aufgedeckt wird, bestimmte ökonomische Schwierigkeiten zu beseitigen oder zu verhindern. Müller-Armack fügt noch hinzu, daß ihn der Hinweis, die mittelfristigen Vorausschauen seien unverbindlich, deshalb nicht zufriedenstellen könne, da die Planwirtschaft immer „langsam" entstanden sei.

Das zweite wesentliche neoliberale Argument gegen mittelfristige Prognosen konzentriert sich darauf, den Erkenntnisgrad der Prognosen in Zweifel zu ziehen. Als Beweis für die Richtigkeit dieser These werden die zahlreichen Kapitalistischen Fehlprognosen angeführt: Müller-Armack äußert dazu

> „Nach dem augenblicklichen Stand unserer Wissenschaft ist es eben so, daß wir vielleicht auf das nächste Jahr einigermaßen sicher eine Vorausschau wagen können, aber weiter geht es nicht, und die bisherigen Spuren sollten schrecken."[9]

Sicher sind die kapitalistischen Prognoseergebnisse oft völlig falsch, aber das kann natürlich nicht bedeuten, daß deshalb die langfristige Prognosebildung einfach aufgegeben wird. Die objektive ökonomische Entwicklung, die Erfordernisse des technischen Fortschritts usw. drängen auch in den kapitalistischen Ländern in zunehmendem Maße auf eine langfristige Vorausschau. Trotz aller Fehler sind viele langfristige Prognosen von gewissem Nutzen gewesen und werden es in Zukunft noch mehr sein. Man kann allerdings keineswegs sagen — und hier zeigt sich die Demagogie der Neoliberalen —, daß deren Ablehnung mittelfristiger Prognosen so absolut ist, wie das den Anschein hat. In Westdeutschland werden seit Jahren mit Duldung oder direkter Unterstützung der Regierung mittel- und langfristige Prognosen aufgestellt. Man denke nur an die von der Arbeitsgemeinschaft der wirtschaftswissenschaftlichen Forschungsinstitute ausgearbeitete Energieenquête, in der die Entwicklungstendenzen der Energiewirtschaft bis zum Jahre 1975 analysiert worden sind.

Ein weiterer wichtiger Einwand der Neoliberalen gegen die Planung besteht darin, daß sich angeblich verschiedene Pläne, hauptsächlich die privaten Pläne der Unternehmen und der staatliche Plan überlagern. Die Wirtschaft könne sich aber nicht an zwei Plänen orientieren. Aus diesem Grunde müsse die Doppelplanung zu einem Durcheinander führen, da kein Plan richtig gelte. Vor allem aber bestehe immer die Gefahr, daß der Staatsplan die Oberhand gewinne und sich die Unternehmensplanung unterordne.

Wie die sogenannte Globalplanung in den kapitalistischen Ländern zeigt, sollen die staatlichen Rahmenpläne die Unternehmer orientieren und für deren Tätigkeit den gesamtwirtschaftlichen Hintergrund abgeben. Sie stellen also keinen Gegensatz zur Unternehmensplanung dar. Trotzdem enthält dieser neoliberale Einwand einen wichtigen Gesichtspunkt. Müller-Armack macht u. a. geltend, daß ein Staatsplan auf vielfache Weise den volkswirtschaftlichen Reproduktionsprozeß beeinflußt, u. a., indem er eine Beschränkung der Produktionskapazitäten in bestimmten Industriezweigen vorsieht. Eine derartige Zielsetzung widerspreche aber zumeist den Interessen der jeweils betroffenen Unternehmen. Müller-Armack stellt daher fest:

[9] Langfristige Programmierung . . ., a. a. O., S. 27.

„Die Marktwirtschaft ist nicht nur eine ökonomisch zweckmäßige Einrichtung, sondern *sie hat auch den unschätzbaren Vorteil einer unpolitischen Art, Umschichtungen herbeizuführen. Man stelle sich vor, daß die große Umschichtung, etwa die Abwanderung von Arbeitskräften aus der Landwirtschaft, auf Grund von politischen Entscheidungen erfolgt wäre! Das wäre fast unmöglich gewesen.* Die Marktwirtschaft hat diese Umschichtung vollzogen, ohne daß man viel darüber gesprochen hat. Bei sehr vielen Industrien, die umgegliedert und umgelagert werden mußten, haben wir die gleichen Erfahrungen gemacht. *Sobald wir politische Entscheidungen in die Sache hineinbringen, erfolgt eine Erschwerung. Deshalb, glaube ich, spricht die politische Klugheit dafür, den objektiven Marktdaten den Vorzug zu geben.*"[10]

Natürlich wenden sich die Monopole gegen Maßnahmen, die ihre Existenz bedrohen und ihre Verwertungsmöglichkeiten beschränken, aber die in Frankreich und auch in Westdeutschland vom Staat veranlaßten Maßnahmen zur Einschränkung der Produktionskapazitäten richten sich ja nicht gegen die Monopole, sondern gegen Klein- und Mittelbetriebe. Außerdem muß man hervorheben, daß in Westdeutschland der Marktautomatismus keineswegs so anonym und unpolitisch wirkt, wie es Müller-Armack hinstellt. Die Entwicklung in der Landwirtschaft ist ein Beweis dafür. Ohne Zweifel führt der technische Fortschritt auch in der Landwirtschaft zu einem Strukturwandel und zu einer Abnahme der landwirtschaftlich Beschäftigten. In der Zeit von 1950—1960 ist z. B. die Zahl der im Agrarsektor Arbeitenden um 1,5 Mio zurückgegangen. Die EWG-Vereinbarungen werden zur Folge haben, daß in den nächsten Jahren noch einmal eine halbe bis eine ganze Million Arbeitskräfte aus der Landwirtschaft ausscheiden. Entscheidend aber ist, daß diese Entwicklung durch staatliche Maßnahmen vorangetrieben und eindeutig auf Kosten der Klein- und Mittelbauern durchgeführt wird. Daß es sich auch bei der französischen Planung so verhält, soll nachfolgend kurz angedeutet werden.

Die französische Planification zeigt als Hauptmerkmal eine enge Zusammenarbeit zwischen Staat und Monopolverbänden. Diese Zusammenarbeit entwickelte sich nach dem zweiten Weltkrieg unter dem Druck der ökonomischen Situation und mit direkter Unterstützung der Unternehmer. Peikert, ein neoliberal orientierter westdeutscher Ökonom, schreibt dazu u. a.:

„Nach Auffassung der ersten Regierungen nach dem zweiten Weltkrieg war bei der Situation, wie sie sich 1944/45 darbot, eine dirigistische Politik unvermeidlich. Diese Politik des Notstandes wurde seit 1947 stufenweise abgeändert und in eine sogenannte Planpolitik übergeleitet, die eher Züge einer Orientierung und Richtungsgebung aufweist, als daß man sie in die Kategorie der Zwangsanweisungen einreihen müßte."[11]

Der Staat orientierte sich vor allem auf die großen Monopole, weil er hoffte, daß von diesen die erwünschten Modernisierungsmaßnahmen am leichtesten durchzusetzen sind.[12]

In der Tat, 1944/45 war die ökonomische Situation in Frankreich äußerst schwierig. Die französische Wirtschaft hatte sich bis zum zweiten Weltkrieg nicht von den Folgen der Weltwirtschaftskrise erholt. Sie befand sich in einer längeren Depressionsphase. 1938 wurden nur etwa zwei Drittel der industriellen Produktionskapazitäten genutzt, und es gab kaum Neuinvestitionen in jener Zeit. Nach dem zweiten Weltkrieg war die Situation durch die Kriegs-

[10] Langfristige Programmierung . . ., a. a. O., S. 29. (Hervorhebung — A. B.)
[11] Helmut Peikert, Frankreichs Wirtschaft heute, Krauskopf-Verlag, Mainz 1963, S. 4.
[12] Vgl. ebenda, S. 24.

zerstörungen und den Devisenmangel noch wesentlich schlechter. Die Wiederherstellung der ökonomischen Stabilität erforderte daher eine Zusammenfassung und rationelle Nutzung der vorhandenen Mittel. Da das niedrige Volkseinkommen nur eine geringe Investitionsquote zuließ, mußten die verfügbaren Mittel entsprechend den volkswirtschaftlichen Dringlichkeiten und im Interesse eines optimalen Wachstums verteilt werden. Diese Ziele hoffte man durch die Aufstellung sogenannter Modernisierungs- und Ausrüstungspläne zu erreichen. Aus diesem Grunde wurde durch ein Dekret vom 3. 1. 1946 der erste „Gesamtplan zur Modernisierung und wirtschaftlichen Ausrüstung des französischen Mutterlandes und der Überseegebiete" beschlossen. Seine allgemeinen Ziele waren: Steigerung der Produktion, Hebung des Lebensstandards und Sicherung der Vollbeschäftigung.

Der erste Plan, der ursprünglich von 1947—1950 gelten sollte, dann aber bis 1952 verlängert wurde, konzentrierte sich hauptsächlich auf die Grundstoffindustrien. Die nächsten Pläne trugen umfassenderen Charakter, blieben aber für die Privatwirtschaft orientierende Rahmenpläne. Verbindliche Produktionsziele gibt es nur für Staatsbetriebe. Diese Art von Planung, die sich hauptsächlich auf eine Lenkung der Investitionen konzentriert, will nicht die Unternehmensplanung ersetzen, sondern erleichtern, indem sie den gesamtwirtschaftlichen Hintergrund zur Verfügung stellt.[13] Der Plan ist der technische Rahmen, in dem sich die Unternehmer in ihrem eigenen Interesse bewegen. Das wichtigste Problem war es, einen Weg zu finden, um „das globale Investitionsvolumen und seine Verteilung auf die einzelnen Sektoren zu beeinflussen, soweit das im Interesse eines schnellen und harmonischen Wirtschaftswachstums notwendig erscheint, ohne die Freiheit der Investitionsentscheide zu beschneiden."[14]

Dieser Weg wurde gefunden, indem man sogenannte Modernisierungskommissionen bildete, in denen Unternehmer, Staatsbeamte und Gewerkschaftsvertreter zusammenwirkten und während einiger Monate Vorschläge über Richtung und Umfang der Investitionen, über organisatorische und strukturelle Reformen in der betreffenden Branche ausarbeiteten. Diese Vorschläge wurden in einem Bericht zusammengefaßt, der, vom Plankommissariat manchmal etwas modifiziert, in den Gesamtplan einging. Da in den Modernisierungskommissionen die führenden Unternehmer jeder Branche den Ton angaben, bilden diese Branchenpläne wichtige wirtschaftspolitische Instrumente des Monopolkapitals. Ein deutlicher Beweis dafür sind die in ihnen enthaltenen Empfehlungen für eine Veränderung der französischen Wirtschaftsstruktur.

Die „Modernisierung" der französischen Wirtschaft erfolgte u. a. durch eine „umfassende räumliche und betriebliche Neugliederung", d. h. eine mit Hilfe der staatlichen Planung beschleunigt durchgeführte Unternehmenszentralisation, der zahlreiche kleine und mittlere Unternehmen zum Opfer fielen. Die Modernisierungskommissionen „prüften" die Existenzberechtigung jedes einzelnen Betriebes und gaben eine — unverbindliche — Empfehlung über die notwendigen Zentralisierungsmaßnahmen, die dann durch staatliche Eingriffe, z. B. kreditpolitische Maßnahmen verwirklicht wurden. Aus diesem Beispiel wird deutlich, daß die französische Planung weder gesamtwirtschaftliche Interessen zum Ausdruck bringt noch lediglich formal orientierenden Charakter trägt.

[13] Vgl. Eberhard Rhein, Möglichkeiten und Probleme staatlicher Investitionslenkung in der Marktwirtschaft, Westdeutscher Verlag, Köln und Opladen 1960.
[14] Ebenda, S. 21.

Auch aus Westdeutschland und der Montanunion lassen sich Beispiele dieser Art anführen. Bei der westdeutschen Wirtschaftsvereinigung für die Eisen- und Stahlindustrie existiert eine Meldestelle für sämtliche Investitionsvorhaben. Bei ihr werden alle fest projektierten Investitionsplanungen mit Angaben über Aufwand, die zu erwartende Kapazität, den Zeitpunkt der Inbetriebnahme usw. gesammelt. Dadurch wird die Branche und jedes Unternehmen über die Entwicklung der Kapazitäten informiert und die Investitionsangaben üben einen entsprechenden Einfluß auf die Investitionspolitik der Unternehmen aus.

Die Montanunion bemüht sich demgegenüber nicht nur um eine größere Transparenz des Kapazitätswachstums, „sondern prüft bei jedem Investitionsvorhaben, ob es sich in die Zielsetzungen der Stahlwirtschaftspolitik einpaßt".[15] Zu den wichtigen Investitionen gibt die Hohe Behörde Stellungnahmen ab, die die Investoren, die Kapitalgeber und teilweise auch den jeweiligen Staat zu bestimmten Reaktionen veranlassen. Dies sowie die Tatsache, daß die Hohe Behörde in bestimmten Fällen sogar einem Unternehmen die Fremdfinanzierung eines Projektes verbieten kann, zeigt, daß die staatliche bzw. supranationale Planung tief in das Unternehmungsgeschehen eingreift.

Diese soeben geschilderten Vorgänge sind für ein weiteres zentrales Problem der bürgerlichen Planungsdiskussion, für das Verhältnis von Planung und Freiheit, außerordentlich bedeutsam. Zu den grundsätzlichen Argumenten, mit denen die Neoliberalen eine Planung gemäß ihrer Vorstellung auch heute noch ablehnen, gehört die These, daß die Planung die Freiheit allgemein und die der Unternehmer speziell beschränke. Die Neoliberalen identifizieren dabei Planung mit Zwangswirtschaft und Unfreiheit und behaupten, nur in einer von „zentraler" Planung freien Wirtschaft existiere Freiheit. Die bürgerlichen Anhänger einer Planung betonen demgegenüber, daß sich Planung und Freiheit keineswegs ausschließen. Fritz Baade, der darauf verweist, daß diese Ansicht vor allem in Westdeutschland weit verbreitet sei, hebt hervor, daß Freiheit und Planung keine gegensätzlichen Begriffe seien. Er führt weiter aus:

> „Die Anhänger dieses Glaubens meinen, daß man mehr Freiheit haben werde, wenn man weniger Planung habe, und daß umgekehrt ein Plus an Planung mit einem Minus an Freiheit erkauft werden müsse. Dies ist vulgärökonomischer Aberglaube, der im Gegensatz zu anderen westlichen Ländern in der Bundesrepublik in der Skala des Geisteslebens und des politischen Lebens ziemlich weit hinauf reicht."[16]

In dieser Diskussion um Freiheit und Planung gibt es einige neue und zweifellos interessante Momente. Einige Ökonomen sehen im Plan kein Instrument, mit dem die Freiheit beschränkt und die staatlichen Eingriffe in das Wirtschaftsleben ständig ausgedehnt werden, sondern eine Voraussetzung für die Beschränkung der Staatseingriffe. Bombach äußert dazu:

> „Wenn behauptet wird, auch ein Rahmenplan sei mit einer Marktwirtschaft nicht vereinbar, weil er individuelle Freiheiten beeinträchtige, weil Planung die Tendenz in sich trage, sich auf immer weitere Bereiche auszudehnen, weil er den Marktmechanismus störe oder aus welchen Gründen auch immer, so möchte ich die Gegenthese setzen: je konsequenter an einem einmal aufgestellten, auf die Zukunft ausgerichteten Rahmenplan festgehalten wird, desto reibungsloser

[15] Planung ohne Planwirtschaft, a. a. O., S. 99.

[16] Fritz Baade, Freiheit durch Planung, Die neue Gesellschaft, H. 3, 1964, 11. Jg., S. 201.

kann der Preismechanismus in den nicht vom Plan gedeckten Bereichen seine Lenkungsaufgabe erfüllen, desto weniger Eingriffe in individuelle Entscheidungen werden nötig sein, und desto kleiner werden auch die Reibungsverluste sein."[17]

Andere bürgerliche Ökonomen, u. a. auch Baade, bleiben bei dieser Feststellung jedoch nicht stehen, sondern behaupten, daß erst eine Planung der Wirtschaft zur Freiheit führt, z. B. zur Freiheit von Massenarbeitslosigkeit und anderen systemimmanenten Krisenerscheinungen des Kapitalismus. Auch dieser Gedanke ist nur richtig, wenn eine sozialistische Planung unterstellt wird. Das ist jedoch bei Baade nicht der Fall. Deshalb ist seine Feststellung nur formal zutreffend. Auch Baades Ansicht, daß das Fehlen der Planung zur Weltwirtschaftskrise und in Deutschland zur faschistischen Zwangswirtschaft geführt habe, wogegen diese Entwicklung in anderen Ländern, z. B. in den USA und in Schweden, verhindert und die Freiheit erhalten worden sei, ist ebenso fragwürdig wie die These, die Anwendung der Planung habe in manchen Ländern zu ständiger Vollbeschäftigung und stetig wachsendem Wohlstand geführt. Hier ist natürlich nicht der Ort, näher auf diese Frage einzugehen. In diesem Zusammenhang ist nur von Interesse, daß es in der bürgerlichen Wirtschaftsliteratur noch einige andere interessante Bemerkungen zum Verhältnis von Freiheit und Planung gibt. Wilhelm Krelle vertritt die Auffassung, daß in der kapitalistischen Wirtschaft alle ökonomischen Größen, also Preise, Einkommen, Beschäftigung usw., nur formal das Ergebnis freier Entscheidungen einer großen Zahl von Wirtschaftssubjekten seien.[18] Seit der Weltwirtschaftskrise habe sich in der Wirtschaftstheorie die Erkenntnis durchgesetzt, daß der Staat wirtschaftlich weder neutral ist noch sein kann. Regierung und Notenbank setzen gewisse Daten, die das Verhalten der Wirtschaftssubjekte weitgehend bestimmen. Steuer- und Lohnsätze, Staatsausgaben, Wechselkurse usw. ziehen den Rahmen, innerhalb dessen der einzelne seine Entscheidungen vornimmt und beeinflussen sein Verhalten. Damit wird von bürgerlicher Seite zugegeben, daß man im Kapitalismus keineswegs in dem Sinne von Freiheit sprechen kann, wie es die Neoliberalen tun.

Tinbergen geht in seiner Betrachtung des Verhältnisses von Freiheit und Planung noch einen wesentlichen Schritt weiter als Krelle. Er fordert z. B. unter Hinweis auf die Erfordernisse des Allgemeinwohls überall dort, wo es die ökonomische Situation erfordert, staatliche Maßnahmen zur Beschleunigung der Kapitalzentralisation. Nach seiner Ansicht werden von den westdeutschen Neoliberalen die Vorteile der Unternehmerfreiheit zu stark betont, denn es gebe Fälle, „wo die freie Konkurrenz und die freie Unternehmertätigkeit nicht zu den meist erwünschten Resultaten führen." Dann hat der Staat das Recht einzugreifen. Tinbergen sagt:

„Wenn zum Beispiel in einer Branche zu viele unteroptimale Betriebe sind, zu kleine Betriebe, dann frage ich mich, ob nicht ein gewisser Druck der Regierung nützlich sein würde, um sie zu Fusionen zu bewegen."[19]

In den Niederlanden wurden im Maschinenbau und in der Textilindustrie Zusammenschlüsse vom Staat veranlaßt, um diese Industriezweige gegenüber der ausländischen Konkurrenz wettbewerbsfähig zu machen. Dies sowie die

[17] Planung ohne Planwirtschaft . . ., a. a. O., S. 54.
[18] Ebenda, S. 64.
[19] Ebenda, S. 237.

französischen Beispiele zeigen, daß von einigen bürgerlichen Ökonomen das Eigentum keineswegs als unantastbar angesehen wird. Wenn es die ökonomische Situation erfordert, werden die Klein- und Mittelbetriebe den Monopolen geopfert. Das aber bedeutet eine offene Modifikation der Eigentumskonzeption und ihre Anpassung an die Bedürfnisse der Großunternehmen. Daraus folgt, daß die „Planung" des imperialistischen Staates für die Unternehmer keineswegs nur orientierenden Charakter trägt; sie entscheidet auch über die Existenz bestimmter Betriebe. Die Praxis dieser Planung findet sich sowohl in den Niederlanden und Frankreich als auch in Westdeutschland.

Natürlich ist sowohl die Argumentation der Neoliberalen wie die von Baade und der anderen bürgerlichen Planungstheoretiker über das Verhältnis von Planung und Freiheit unwissenschaftlich. Beide Gruppen gehen von der Ansicht aus, daß das kapitalistische Eigentum an den Produktionsmitteln die Grundlage der Freiheit jedes einzelnen Menschen ist und eine Beseitigung dieses Eigentums den Verlust der Freiheit zur Folge haben würde. Von allen bürgerlichen Theoretikern wird das gesellschaftliche Eigentum an den Produktionsmitteln in den sozialistischen Ländern und die damit verbundene Planung mit Unterdrückung und Zwang identifiziert. Soweit bürgerliche Ökonomen für eine Programmierung eintreten, betonen sie stets, daß dadurch in keiner Weise die Freiheit des Menschen, vor allem die der Unternehmer, beeinträchtigt werden dürfe.

Ein Blick auf die Lebensverhältnisse der Menschen in den kapitalistischen Ländern genügt, um die Haltlosigkeit dieser Argumentation zu erkennen. Der Kapitalismus garantiert keineswegs allen Menschen Freiheit. Da die Produktionsmittel einer Minderheit gehören, ist die Mehrheit der Menschen ökonomisch und politisch abhängig und somit unfrei. Die bürgerliche Freiheit ist in hohem Maße beschränkt und gilt nur für wenige Menschen. Demgegenüber ist das gesellschaftliche Eigentum an den Produktionsmitteln die entscheidende Voraussetzung für das freie und bewußte Handeln der Menschen.

Von den bürgerlichen Planungsanhängern wird in letzter Zeit versucht, die Planung als eine klassenneutrale und zeitlose Erscheinung hinzustellen, um den kapitalistischen Inhalt, den sie dem Planungsbegriff gegeben haben, zu verschleiern. Hören wir dazu Salin:

> „Jeder Plan ist eine Vorwegnahme, ist ein Entwurf für eine Handlung oder eine Ordnung eines Einzelnen, einer Gemeinschaft, einer Stadt, eines Staates. Der einzelne Mensch hat – oder hatte? – einen Lebensplan oder einen Reiseplan, die Bahn hat einen Fahrplan, das Theater einen Spielplan; die Städtegründer arbeiten nach einem Stadtplan, die Verkehrsordner nach einem Verkehrsplan, die Militärs nach einem Schlachtplan usw. usw. Es ist also gar nichts Besonderes, wenn es auch einen Wirtschaftsplan geben sollte, sondern es wäre umgekehrt sehr auffällig und der Erklärung bedürftig, wenn es das nicht gäbe. Denn jeder Plan nimmt in Gedanken vorweg, was Wirklichkeit der Zukunft wird oder werden soll."[20]

Salin und viele andere bürgerliche Ökonomen negieren damit die spezifischen Merkmale einer volkswirtschaftlichen Planung, vor allem das gesellschaftliche Eigentum als deren entscheidende und objektiv notwendige Voraussetzung. Wenn Salin behauptet, daß man heute genötigt sei, „*mit stärkstem Nachdruck zu betonen*, daß es wirtschaftliches Planen ohne Planwirtschaft, ohne Zentral-

[20] Ebenda, S. 2.

verwaltungswirtschaft gegeben hat, gibt und geben wird", so tut er das aus zwei Gründen. Erstens will er den bürgerlichen Planungsgegnern nahebringen, daß Planung auch mit dem kapitalistischen Eigentum an den Produktionsmitteln vereinbar sei und nicht notwendigerweise zum Sozialismus führen müsse. Zweitens möchte er die Vorteile der Planung, die in den wirtschaftlichen Erfolgen der sozialistischen Länder einen sichtbaren Ausdruck gefunden haben und auch in Zukunft finden werden, für die kapitalistische Wirtschaft nutzbar machen. Zu diesem Zweck leugnet er den prinzipiellen Unterschied zwischen einer einzel- und der gesamtwirtschaftlichen Planung und versucht zu zeigen, daß die Volkswirtschaftsplanung kein Wesensmerkmal der sozialistischen Wirtschaft ist. Die Identifizierung von mikro- und makroökonomischer Planung ist insofern von großer Bedeutung für die bürgerlichen Ökonomen, als es ihnen auf diese Weise möglich ist, die kapitalistische Wirtschaft als eine harmonische Einheit zu betrachten und die für das kapitalistische System typischen Widersprüche, die ja auf Unternehmensebene nicht existieren, zu eliminieren. Wir werden im folgenden sehen, daß die bürgerlichen Planungsanhänger mit dieser Argumentation immer wieder mit der Realität in Konflikt geraten.

Zu den entscheidenden Merkmalen einer Volkswirtschaftsplanung gehört, daß die planende Instanz auch über die wirtschaftlichen Ressourcen verfügt, also über den Einsatz der Produktionsmittel entscheidet und den Produktionsprozeß organisiert. Nur unter dieser Voraussetzung ist eine Planung des gesellschaftlichen Produktionsprozesses möglich. Da im Kapitalismus die Produktionsmittel zum großen Teil privatkapitalistisches Eigentum sind und nicht der Verfügungsgewalt des Staates unterstehen, kann es natürlich auch keine echte gesamtwirtschaftliche Planung geben. Davon gehen im allgemeinen auch die bürgerlichen Planungstheoretiker aus. Für sie trägt die staatliche Planung daher nur unverbindlichen, die Unternehmer orientierenden Charakter. Näher betrachtet bestünde damit die kapitalistische Planung — und das wird von den bürgerlichen Ökonomen stets hervorgehoben — aus unverbindlichen Vorausschauen für die Entwicklung der Wirtschaft und aus einer Koordinierung der wirtschaftspolitischen Maßnahmen der staatlichen Organe. Tatsächlich hat die Planungspraxis in den imerpialistischen Ländern z. T. eine weit größere Bedeutung, als es sich aus den beiden Planungselementen annehmen läßt. Entsprechend dem Charakter des kapitalistischen Staates als eines Instruments der herrschenden Monopole ist die Unverbindlichkeit der Planung keineswegs so absolut aufzufassen wie das von bürgerlicher Seite im allgemeinen dargestellt wird. Die Monopole als Initiatoren der staatlichen Planung üben mittels dieser einen wesentlichen Einfluß auf das Wirtschaftsgeschehen aus. Wir kommen damit zu einem sehr wichtigen Problem: dem Verhältnis von Planung und Macht zu dem sich zahlreiche bürgerliche Ökonomen äußern.

Der englische Wirtschaftler E. F. Schumacher vertritt die zutreffende Ansicht, „daß das Wort ‚planen' nur dort richtig angewandt ist, wo es sich um Entscheidungsbereiche des Planes selbst oder seiner Auftraggeber handelt. Das (britische — A. B.) National Coal Board zum Beispiel kann einen Kohlenförderungsplan aufstellen, da es ja die Kohlenförderung selber betreibt; es kann aber keinen Kohlenverbrauchsplan aufstellen, da der Verbrauch von den Entscheidungen anderer bestimmt wird."[21]

[21] Ebenda, S. 26.

Natürlich kann unter diesen Umständen, da Planung und Macht koextensiv sind, die Planung nur eine beschränkte Wirkung haben. Schumacher will aber zeigen, daß diese Wirkung weit größer ist als man sich vorstellt, und zwar, ohne daß den Planungsinstanzen Machtbefugnisse übertragen werden, sondern indem die ökonomischen Probleme durch „geistige Mittel" gemeistert werden. Wenn z. B. in Großbritannien nach einem nationalen Wirtschaftsplan gerufen wurde, um eine höhere Wachstumsrate zu erzielen, so sei zu berücksichtigen, daß niemand daran dachte, „der Regierung oder irgendeinem Planungsbüro Macht über die gesamte Wirtschaft zu gewähren". Dementsprechend verfügen auch die neuen Planungsinstanzen, das „National Economic Development Office" und der „National Economic Development Council", über keine selbständigen Machtbefugnisse. Deren Mitglieder, die führende und einflußreiche Beamte, Unternehmer und Gewerkschafter sind, verfügen aber *in ihren Bereichen* über große Macht und können auf diese Weise den vom Council erarbeiteten Empfehlungen Geltung verschaffen. Damit werden also nicht nur ökonomische Expansionsmöglichkeiten und Gefahrenpunkte aufgedeckt; die unverbindlichen wirtschaftspolitischen Orientierungen sind auch von beachtlicher Wirksamkeit. Schumacher sagt dazu:

> „Der National Economic Development Council hat nicht die Aufgabe, selbst zu planen; er hat vielmehr die Aufgabe, die wirtschaftlichen Machthaber — in der Regierung, in den Gewerkschaften und in der Wirtschaft — in die Lage zu versetzen, ihre eigenen Planungen aufeinander abzustimmen, sachgerechter zu gestalten und dem Gemeinwohl genauer anzupassen. Damit, so scheint mir, sind neue Möglichkeiten gegeben, das unlösbare Problem der gleichzeitigen Förderung von Freiheit und Ordnung, wenn nicht zu lösen, so doch hinlänglich zu meistern."[22]

Ein weiteres Diskussionsproblem: Während die Neoliberalen in erster Linie auf die Vorzüge der Marktwirtschaft verweisen und davon ausgehend nachzuweisen versuchen, wie überflüssig und schädlich eine gesamtwirtschaftliche „Programmierung" ist, betonen die bürgerlichen Anhänger der Planung neben den Vorzügen auch bestimmte Schwächen des kapitalistischen Systems und leiten aus ihnen die Notwendigkeit bestimmter Planungsmaßnahmen ab. Klaus-Dieter Arndt sieht die Stärke der kapitalistischen Wirtschaft in ihrer Flexibilität: der Dezentralisierung der einzelwirtschaftlichen Entscheidungen und der Lenkung der Produktion nach Menge und Qualität durch den Preismechanismus, wodurch trotz aller Anpassungsverzögerungen die Verschwendung von Kapital auf einem Minimum gehalten, wenngleich nicht verhindert werden könne:

> „Die marktwirtschaftlichen Mechanismen sind ... nicht stark genug, um gelegentliche Beschäftigungslosigkeit der Produktionsfaktoren und damit — abgesehen von allen sozialen Konsequenzen — eben doch eine makroökonomisch bewirkte Vergeudung von Produktivkraft verhindern zu können."[23]

Aus diesem Grunde müsse man darauf achten, daß die westdeutsche Wirtschaft, die nach dem zweiten Weltkrieg an keiner allgemeinen Überproduktionskrise gelitten hat, nicht vom allgemeinen Wachstumspfad abkomme. Arndt weist warnend auf das Beispiel der USA-Wirtschaft hin und betont, daß es sehr schwer sei, aus einer Periode anhaltender konjunktureller Schwankungen wieder Anschluß an eine stabile Entwicklung der Wirtschaft zu gewinnen. Man

[22] Ebenda, S. 28.
[23] Langfristige Programmierung ..., a. a. O., S. 33.

könne aber den Taumel von Rezessionen und kurzfristigen Aufschwüngen nur vermeiden, wenn man ein langfristiges Wirtschaftsprogramm aufstelle.

„Die Stärke eines Wirtschaftsprogramms liegt in der Verbindung seiner gesamtwirtschaftlichen Sicherungen mit der einzelwirtschaftlichen Flexibilität."[24]

Wenn also, so betonen Erich Schneider, Arndt, Krelle u. a., die Marktwirtschaft ohne staatliche Planung nicht denkbar sei, so muß sich der Staat Gedanken darüber machen, wie er sein wirtschaftspolitisches Programm am zweckmäßigsten verwirklicht. Er muß dazu die entsprechenden Methoden entwickeln und prüfen, ob die von ihm erstrebten Ziele miteinander vereinbar seien. Unter diesem Gesichtspunkt ist die Planung nichts anderes als ein „tool for decision making", ein wirtschaftspolitisches Werkzeug, mit dem die Funktionsweise der kapitalistischen Wirtschaft verbessert wird.[25] Nach Schneider unterscheiden sich die sozialistische und die kapitalistische Wirtschaft nicht dadurch, weil in der einen geplant und in der anderen nicht geplant wird, sondern weil es in der einen „freie" Unternehmer gibt und in der anderen nicht.

Die Befürworter einer Planung sind also in der Problemstellung etwas realistischer als die Neoliberalen, vertreten und verteidigen aber ansonsten ebenso wie diese die überlebte kapitalistische Wirtschaftsordnung. Sie verwenden dabei, wie Schneiders Hinweis auf das freie Unternehmertum zeigt, auch völlig illusionäre Argumente und versuchen vor allem nachzuweisen, daß die prinzipiellen Widersprüche des Kapitalismus, z. B. der Widerspruch zwischen Produktion und Markt, auf wirtschaftspolitischem Wege überwunden werden könnten. Wenn es bisher immer noch nicht so wie erwartet gelungen sei, so liege das an der Unzulänglichkeit der wirtschaftspolitischen Maßnahmen, was nur die Dringlichkeit ihrer Verbesserung erkennen lasse. Arndt versucht das auf folgende Art zu erklären:

„Ausschließen lassen sich konjunkturpolitische Fehlentscheidungen selbstverständlich auch nicht mit einem langfristigen Programm. Starkes Wirtschaftswachstum ist zunächst einmal das Ergebnis eines Stroms richtiger kurzfristiger Entscheidungen wirtschafts- und finanzpolitischer Art, und bei diesen wird nach wie vor auch Glück seine Hand im Spiel haben müssen. Wir alle wissen, wie problematisch Konjunkturdiagnosen über die ein bis eineinhalb Jahre hinweg sind, deren es bedarf, bis selbst übereinstimmende Diagnosen sich in administrativen Maßnahmen umzusetzen vermögen. Zu dem Zeitpunkt, in dem diese Maßnahmen eingeleitet werden mußten, wird das Bewußtsein der Öffentlichkeit eben nicht von der Konjunktursituation von morgen, sondern von der von heute bestimmt. Daher wird es schwierig sein, zu dämpfen, bevor der Boom da ist, und anzuregen, bevor eine starke Verlangsamung Platz gegriffen hat.
Langfristige Wirtschaftsprogramme werden aber das Ausmaß der Schwankungen verringern und allein aus diesem Grunde die konjunkturpolitische Steuerung erleichtern."[26]

Langelütke geht in der Einschätzung der Wirksamkeit der staatlichen Wirtschaftspolitik noch etwas kritischer vor, wenn er darauf hinweist, daß sich die konjunkturellen Schwankungen zwar verringert haben, „ob allerdings als Folge

[24] Ebenda, S. 36.

[25] In gleichem Sinne äußert sich auch Carl Föhl, wenn er bemerkt: „Ich bin der Auffassung, daß die Planification ein notwendiges Mittel zur Ermöglichung einer rationalen Wirtschafts-, Finanz- und Sozialpolitik ist. Für den Unternehmer soll sie nicht mehr als eine Wetterkarte liefern, nach der er sich in eigener Verantwortung richten kann oder nicht." (Ebenda, S. 44/45.)

[26] Langfristige Programmierung . . ., a. a. O., S. 35. (Hervorhebung — A. B.)

der vielgepriesenen Konjunkturpolitik, muß bezweifelt werden. Unsere Wirtschaft hat zwar eine Fülle von punktuellen Maßnahmen über sich ergehen lassen müssen, aber ein echtes konjunkturpolitisches Instrumentarium, eine Kombination von monetären und finanzpolitischen Maßnahmen, die sowohl bei drohender Krise als auch bei Übernachfrage kurzfristig einsetzbar wären, besitzen wir immer noch nicht."[27]

Die Planungsargumentation von Baade und anderen bürgerlichen Planungstheoretikern, und das ist ein weiterer wesentlicher Gesichtspunkt, ist, soweit es die Wirksamkeit der staatlichen Planungsmaßnahmen betrifft, sehr fragwürdig und bietet den Planungsgegnern einen wichtigen Ansatz für ihre Kritik. Ohne Zweifel haben die kapitalistischen Planungsmaßnahmen einen bestimmten Einfluß auf das ökonomische Geschehen. Sie haben aber oft nicht die von ihnen erwartete Wirkung, sondern zeigen das Gegenteil von dem, was sie erreichen sollten. Daran knüpfen die bürgerlichen Planungsgegner an und versuchen ihrerseits nachzuweisen, daß auf diese Weise die Marktkräfte in ihrer Wirksamkeit gehemmt oder fehlgeleitet werden. Ohne Planung würde demzufolge die Wirtschaft besser funktionieren.

Diese Argumentation ist ohne Zweifel in vieler Hinsicht, vor allem wenn es sich um bestimmte wirtschaftspolitische Einzelmaßnahmen handelt, zutreffend. In ihrer Grundkonzeption trifft sie jedoch nicht das Wesen der Sache bzw. entspricht nicht den objektiven Erfordernissen der kapitalistischen Wirtschaft, die sich aus dem ökonomischen Wettbewerb mit dem Sozialismus und den inneren Entwicklungstendenzen des Kapitalismus ergeben.

Auch wenn in der bürgerlichen Planungsdiskussion scheinbar die wirtschaftstheoretischen Fragen im Vordergrund stehen, letztlich geht es doch immer um massive materielle Interessen. Sie zeigen sich im nationalen Bereich in den gegensätzlichen Ansichten der verschiedenen Monopolgruppen und auf internationaler Ebene in den unterschiedlichen wirtschaftspolitischen Konzeptionen der die staatliche Wirtschaftspolitik bestimmenden Monopole. Die westdeutschen Konzerne hoffen, innerhalb der EWG ihre Stärke ohne bestimmte Planungsmaßnahmen am besten ausspielen zu können, obwohl auch das nicht so generell zutrifft, denn für sich nutzen viele Großunternehmen die von ihnen öffentlich bekämpften Methoden. Sie wenden sich aber gegen die französische Planification und deren Übertragung auf die EWG, weil sie davon eine Stärkung der französischen Position befürchten. Während Bombach den Franzosen „mißtraut", weil sie die Westdeutschen mit der Planification „hereinlegen" könnten, brachte Wilhelm Lehmann, ein führender westdeutscher Industrieller aus der Elektrobranche, dieBefürchtungen bestimmter westdeutscher Monopole gegenüber der französischen Planification sehr vorsichtig wie folgt zum Ausdruck:

> „Und wenn wir davon ausgehen müssen, daß wir die Franzosen von ihren planerischen Tendenzen nicht abbringen werden, daß sie nach allen bisherigen Erfahrungen ihre nationalen Interessen auch auf dem Gemeinsamen Markt viel nachdrücklicher verfechten werden, wenn wir davon ausgehen müssen, daß sie zur Erreichung ihrer Ziele die Möglichkeiten der Abschreibungs- und Steuererleichterungen, der Kreditverbilligungen usw. usw. sehr gezielt einsetzen werden, *dann entsteht bei uns doch eine gewisse Sorge*, ob die Synthese der beiderseitigen Wirtschaftssysteme *so ganz ohne Schaden für unsere Seite abgehen wird.*"[28]

[27] Ebenda, S. 68.
[28] Planung ohne Planwirtschaft, a. a. O., S. 132.

Die französische Regierung hofft in der Tat, mit ihrer Planification und den ökonomischen Reformen der Jahre 1958 und 1960 nicht nur bestimmte ökonomische Schwierigkeiten überwinden, sondern auch ihren Einfluß innerhalb der EWG verstärken zu können. Deshalb werden strukturelle Hemmnisse beseitigt und die Wirtschaft neu organisiert und anpassungsfähiger gestaltet. Die staatlichen Pläne sind dabei ein wesentliches Instrument.

Besonders aufschlußreich sind natürlich die Stellungnahmen der Monopolvertreter zur Planung, denn sie spiegeln die grundlegenden Interessen des Kapitals häufig am unmittelbarsten und deutlichsten wider. Auf der Tagung der List-Gesellschaft äußerten sich maßgebliche Industrielle aus den verschiedensten Bereichen über das Für und Wider der Planung. Dabei wurde deutlich, daß sie zwar alle bestimmte, unter dem Begriff Planung subsumierte Maßnahmen und Methoden befürworten, daß es aber zwischen ihnen merkliche Meinungsverschiedenheiten über das Ausmaß und die Zweckmäßigkeit der Planung gibt. Allgemein kann festgestellt werden, daß in den Grundstoffindustrien das Interesse an Planungsmaßnahmen größer ist als in den verarbeitenden Industrien. Die Unternehmen des Bergbaues, der Stahl- und Elektrizitätsindustrie fordern, teilweise recht nachdrücklich, bestimmte zentrale Planungsmaßnahmen. Die Industriellen der Chemie-, Elektro- und Fahrzeugindustrie verhalten sich demgegenüber sehr reserviert oder eindeutig ablehnend. Die Ursachen dafür sind verschiedener Art. Eine große Rolle spielen die konjunkturellen und strukturellen Veränderungen und deren Auswirkungen auf die einzelnen Industriezweige. Der westdeutsche Kohlenbergbau gehört z. B. seit Jahren wegen der wachsenden Verwendung von Erdöl und Erdgas zu den stagnierenden Industriezweigen. Ähnliches gilt auf Grund des Vordringens der Kunstfasern für die Textilindustrie. Die Vertreter dieser Bereiche fordern unter Hinweis auf die Schwierigkeiten in ihren Zweigen, die sich in Zukunft noch verschärfen dürften, staatliche Eingriffe und Hilfeleistungen, u. a. im Rahmen und durch die Anwendung der staatlichen Planung.[29] Der Vertreter der Textilindustrie hofft auf billigere Kredite und eine Beschränkung der Importe.

Ein zweiter wichtiger Faktor sind die unterschiedlichen Schwierigkeitsgrade, die eine Prognosebildung als wesentlicher Bestandteil der Planung in den einzelnen Industriezweigen aufweist. Allgemein wird zwar anerkannt, daß die Prognosen ein Hauptmerkmal jeder unternehmerischen Politik sind und ihre Notwendigkeit sich aus objektiven Erscheinungen ergibt, z. B. der Marktstruktur, dem technischen Fortschritt usw., daß aber die Prognoseergebnisse teilweise auf Grund eben dieser Erscheinungen nicht befriedigen. So wird von den Gegnern einer längerfristigen Prognosebildung angeführt, daß es im Bergbau mit seinem relativ einheitlichen und übersichtlichen Produktionsprogramm sowie des leichter überschaubaren Konkurrenzgeschehens weit einfacher sei, eine Prognose aufzustellen als in der chemischen Industrie mit ihren Tausenden von Produkten, den rasch wechselnden Rohstoffstrukturen und Fertigungsverfahren sowie den weitverzweigten Märkten. Besonders bezeichnend ist, daß gerade in jenen Zweigen, die in der Vergangenheit einen raschen Aufschwung zu verzeichnen hatten, eine zu weitgehende Planung abgelehnt wird, da man eine Beschränkung der eigenen Expansionsmöglichkeiten befürchtet. Der Vertreter des westdeutschen Fahrzeugbaues gab zur Planung folgende grundsätzliche Stellungnahme ab:

„Zusammenfassend kann gesagt werden, daß die Automobilindustrie sowohl aus grundsätzlichen Überlegungen wie auch aus rein branchenmäßig bedingten Gegebenheiten eine Ausdehnung staatlicher Initiativen und Eingriffe auf weitere Industriezweige nicht für sinnvoll halten würde. Diese Haltung entspringt der Überlegung, daß es zwar Bereiche geben mag, für die ein planendes Eingreifen des Staates geboten erscheint, so z. B. bei Fragen der Infrastruktur, Belangen der Landesplanung oder Notstandsregelungen.
Über solche Sondersituation hinaus sollte staatliche Planung auf eine zielsichere, nach den Bedürfnissen der Wirtschaft ausgerichtete Wirtschafts- und Konjunkturpolitik beschränkt bleiben."[30]

Diese Äußerungen sind insofern nicht ganz zutreffend, als der Fahrzeugbau zu den Industriezweigen gehört, die von den staatlichen Interventionen stark profitieren. Sie zeigen aber, auf welche Monopole sich die Neoliberalen in ihre Antiplanungskampagne in der Vergangenheit gestützt haben bzw. wessen Sprecher sie waren.

Es wurde bereits darauf hingewiesen, daß man auch in Westdeutschland in den letzten Jahren, vor allem durch den Abbau der ideologischen Vorbehalte von seiten der Neoliberalen und infolge der ökonomischen Entwicklungstendenzen gegenüber der Planung aufgeschlossener geworden ist. Die entscheidende Ursache dafür waren die labile ökonomische Situation um die Jahreswende 1962/63 und die allgemeine Abschwächung des ökonomischen Wachstumstempos. Zunehmende Bedeutung erlangten außerdem die sich verschärfenden Auseinandersetzungen auf den Weltmärkten und vor allem innerhalb der EWG. Zahlreiche Monopolgruppen forderten unter diesen Bedingungen eine neue, wirksamere wirtschaftspolitische Konzeption von der Regierung und die Anwendung bestimmter, in anderen imperialistischen Ländern seit langem gebräuchlicher wirtschaftsoplitischer Instrumente. Vor allem unter diesem Druck fand sich Erhard zur Aufstellung von Wirtschaftsberichten und zur Einsetzung eines Sachverständigengremiums, das die ökonomische Situation begutachten soll, bereit. Diese Bedingungen dürften auch in Zukunft zu einer weiteren Annäherung der Standpunkte zwischen den Anhängern und Gegnern einer — kapitalistisch interpretierten — Planung in Westdeutschland führen.

ALFRED BÖNISCH

[29] Diese Kreise wenden sich u. a. aus offensichtlich materiellen Interessen gegen die ideologischen Vorbehalte der Neoliberalen gegen die Planung. So erklärt Helmuth Burckhardt, Vorstandsvorsitzender des Unternehmensverbandes Ruhrbergbau: In anderen Ländern wird über Planung sehr sachlich und sehr nüchtern und programmatisch gesprochen. In der Bundesrepublik dagegen ist das Wort Planung überhaupt verpönt, und jeder, der über Planung spricht, muß Gefahr laufen, als Totengräber unserer freiheitlichen Ordnung gebrandmarkt zu werden." (Planung ohne Planwirtschaft, a. a. O., S. 107.)

[30] Planung ohne Planwirtschaft, a. a. O., S. 146.

BIBLIOGRAPHIE

1. Afanaśev, L. I.: Agrarnoe perenaselenie
(Die Überbevölkerung auf dem Lande)
Moskva: Izd. soc.-ėkonom. Lit. 1963. 298 S.
2. Andrea, C.-A.; Seidenfus, H. St.; Passern, W.: Der industrielle Mittelstand in der Wettbewerbsordnung
Berlin: Heymanns 1962. 222 S.
(Schriftenreihe d. Forsch.-Inst. f. Wirtsch.-verfassung u. Wettbewerb Köln, 6)
Ref.: Finanzarch., Tübingen N.F. **23** (1964) 1, S. 162—164
von: Abb, Fritz
3. Anikin, A.: Die Akkumulation von Geldkapital; Eine sozialökonomische Analyse
Konjunktur u. Krise, Berlin **7** (1963) 3, S. 157—174
4. Arzumanjan, A. A.: Problemy sovremennogo kapitalizma
(Probleme des modernen Kapitalismus)
Moskva: Ekonomizdat 1963. 121 S.
5. Auerhan, Jan: Automatizace a dělnická třída v USA
(Die Automatisierung und die Arbeiterklasse in den USA)
Nová mysl, Praha (1964) 1, S. 59—69, 5 Tab.
6. Aufhäuser, Siegfried: An der Schwelle des Zeitalters der Angestellten
(Eine wachsende u. dynam. Leistungsschicht in Wirtschaft und Verwaltung)
Berlin: Heenemann 1963. 143 S.
7. Baethge, G.: Die logische Struktur der Wirtschaftsstufen; Wirklichkeit und Begriffsbild in der Stufentheorie
Meisenheim am Glan: Hain 1962. 95 S.
8. Barrera, Hernan: Die imperialistische Politik der USA in Lateinamerika
Probl. Friedens u. Sozialism., Berlin **6** (1963) 10, S. 862—864
9. Beirne, Joseph, A.: New horizons for American labor
(Neue Aussichten für die amerikanische Arbeiterschaft)
Washington: Publ. Aff. Pr. 1963. 89 S.
Ref.: Vorwärts, Bonn (1963) 46, S. 13
10. Bing, Walter B.: Frankreichs Pläne-Wahn
Mbl. freiheitl. Wirtsch.-Polit., Frankf./M. **9** (1963) 8, S. 466—472
11. Blume, Jean: Der Weltsozialismus und die Arbeiterbewegung
Probl. Friedens u. Sozialism., Berlin **6** (1963) 10, S. 811—815
12. Bönisch, Alfred: Wesen und Aufgabe des westdeutschen „Wirtschaftsberichtes"
Wirtschaftswissenschaft, Berlin **11** (1963) 9, S. 1473—1487
13. Böttcher, Siegfried: Lebensverhältnisse in der japanischen Kleinindustrie. Zwischen Bauernhof und Großindustrie
Frankf./Main—Berlin: A. Metzner 1961. 122 S.
14. Bregel', E.: „Obščij rynok" i problemy vosproizvodstva
(Der „Gemeinsame Markt" und Probleme der Reproduktion)
Mir. Ekon. i meždunar Otnoš., Moskva (1963) 5, S. 64—75
15. Budde, Heinz: Die Arbeitnehmerschaft in der Industriegesellschaft. Beiträge und Versuche zu einer sozialen und politischen Standortbestimmung d. christlichen-sozialen Bewegung
Essen: Ludgerus-Verl. 1963, 236 S.

16. BUZYKIN, J. I.: Zapadnoevropejskaja integracija na tret'em etape obščego krizisa kapitalizma
(Die westeuropäische Integration in der 3. Etappe der allg. Krise des Kapitalismus)
Moskva: Izd. ėkonom. Lit. 1963. 142 S.

17. CLAUSS, FRANZ-JOACHIM: Probleme der Konjunkturstatistik. Sind Jahresdurchschnitte Ersatz für Saisonbereinigung?
Konjunkturpolitik, Berlin **9** (1963) 4, S. 218–237, 2 graph. Darst.

18. COLLINET, MÜCHEL: Le mouvement ouvrier et la legislation sociale
(Die Arbeiterbewegung und die Sozialgesetzgebung)
Rev. Econ. polit. Paris **73** (1963) 4/5, S. 872–833, 1 Tab.

19. DERNBURG, T. F.; MCDOUGALL, D. M.: Macro-economics; the measurement, analysis, and control of aggregate economie activity
(Makro-Ökonomie; Messung, Analysen und Wirtschaftstätigkeit) 2. Aufl.
New York: Mac Graw-Hill 1963. 310 S.

20. DOKUNIN, V. I.; TREPELKOV, V. P.: Obščij krizis kapitalizma
(Die allgemeine Krise des Kapitalismus)
Moskva: Socėkgiz 1963. 306 S.

21. DRÄGER, HEINRICH: Die Illusion unserer Produktivität. Ein Diskussionsbuch mit statistischen Unterlagen und Sachverständigengutachten über die Zusammenhänge zwischen Produktivität, Lohn, Sozialrente und Preis.
Düsseldorf–Wien: Econ-Verl. 1961. 671 S.
Ref.: Ifo-Stud., Berlin–München **8** (1962) 1/2, S. 119–125, von: Schlegel, Helmut

22. DÜRR, ERNST: Ordnungsprobleme der Konjunkturpolitik
Ordo, München **14** (1963), S. 169–196

23. EVENITZKY, ALFRED: Marx' Modell der erweiterten Reproduktion
(Übers. a. d. Engl. u. d. T.: Marx's model of expanded reproduction,
Sci. & Soc., New York **27** (1963) 2, S. 159–175
Konjunktur u. Krise, Berlin **7** (1963) 4, S. 217–228

24. FRIEDRICHS, GÜNTER: Sozialökonomische Wirkungen von Automation und technischem Fortschritt
Automatisierung, Heidelberg **8** (1963) 4, S. 15–23, 6 Tab.

25. FROMONT, PIERRE: Problèmes d'Economie rurale
(Probleme der Agrarökonomik)
Paris: Génin 1962. 591 S.
(lag nicht vor)
Ref.: Rev. Econ. polit., Paris **73** (1963) 6, S. 1043–1044, von: Denis, Henri

26. GATZ, WERNER: Gründe und volkswirtschaftliche Wirkungen der DM-Aufwertung
Weltwirtsch. Archiv, Hamburg **90** (1963) 2, S. 379–432, 11 graph. Darst.

27. GEHRIG, GERHARD: Forschungsplan für die Erstellung eines disaggregierten Wachstumsmodells mit Hilfe von Input-Output- und Regressionsanalyse
Ifo-Stud., Berlin–München **8** (1962) 1/2, S. 85–105, 1 Tab., 2 graph. Darst.

28. GRAZIA, SEBASTIAN DE: Of time, work and leisure
(Arbeitszeit und Freizeit)
New York: Twentieth Century Fund 1962, 559 S.
Ref.: J. polit. Econ. Chicago **71** (1963), S. 520–521
von: Weisskopf, Walter A.

29. HAX, KARL: Japan, Wirtschaftsmacht des Fernen Ostens. Ein Beitrag zur Analyse des wirtschaftlichen Wachstums
Köln–Opladen: Westdeutsch. Verlag 1961. 632 S.
Ref.: Ifo-Stud., Berlin–München **8** (1962) 1/2, S. 127–129
von: Harder-Gersdorff, Elisabeth

30. HAZLITT, HENRY: Wachstumsplaner contra Marktwirtschaft?
Mbl. freiheitl. Wirtsch.-Polit., Frankfurt/M. 9 (1963) 8, S. 463–465

31. HERLEMANN, HANS-HEINRICH: Grundlagen der Agrarpolitik. Die Landwirtschaft im Wirtschaftswachstum
Berlin: Vahlen 1961. 191 S.
Ref.: Vjh. Wirtsch.-Fortsch., Berlin (1964) 4
von: Hiss, Dieter

32. HIRŠL, MIROSLAV: Problemy zbidačování dělnické třídy a ostatních pracujicích za kapitalismu
(Probleme der Verelendung der Arbeiterklasse und anderer Werktätiger im Kapitalismus)
K ekonom. otázkám současných mezinár. vztahů, Praha 1 (1958), S. 61–95

33. HÖHNEN, WILFRIED: Der Investivlohn aus gewerkschaftlicher Sicht
Gewerkschaftliche Monatshefte, Köln 15 (1964) 1, S. 36–40

34. HOFFMANN, J.; BRÜHL, H.; RÜGER, K. H.: Metallarbeiter kontra Monopole. Zum Streikkampf der westdeutschen Metallarbeiter im Frühjahr 1963
Berlin: Tribüne 1963. 205 S.

35. HUNTER, L. C.: Cyclival variations in the labour supply: British experience 1951–1960
(Zyklische Schwankungen im Arbeitskräfteangebot: Britische Erfahrungen 1951–1960)
Oxford econ. Pap., London (1963) 2, S. 140–153
Ref.: Econ. Abstr., The Hague 11 (1963) 7, S. 284

36. JACOBSSON, PER: Die Marktwirtschaft in der Welt von heute
Tübingen: Mohr 1962, 77 S.

37. JAEGGI, URS; WIEDEMANN, HERBERT: Der Angestellte im automatisierten Büro. Betriebssoziolog. Untersuchung auf d. Angestellten u. ihre Funktion
Stuttgart: Kohlhammer 1963, o. S.
(Schriftenreihe d. Bundesministeriums f. Arbeit und Sozialordnung, H. 10)

38. JEAN, R.: Accidents du travial e maladies professionelles
(Arbeitsunfälle und Berufskrankheiten)
Econ. et Polit., Paris (1963) 105, S. 75–87, 6 Tab.

39. KATZENSTEIN, ROBERT: Der Reproduktionsprozeß des Kapitals im Spiegel der westdeutschen volkswirtschaftlichen Gesamtrechnungen
Konjunktur u. Krise, Berlin 7 (1963) 4, S. 187–216, 12 Tab.

40. KLATT, SIGURD: Zur Theorie der Industrialisierung
(Bd. 1: Untersuchung zur Volkswirtschaftspolitik)
Köln–Opladen: Westd. Verl. 1959. 546 S.
Ref.: Ifo-Stud., Berlin–München 8 (1962) 1/2, S. 133–135
von: Schmucker, Helga

41. KÖLLNER, LUTZ: Der internationale Kapitalverkehr seit dem letzten Kriege
Frankf./M.: Knapp 1963. 314 S.
Ref.: Z. Betr.-Wirtsch., Wiesbaden 33 (1963) 6, S. 382
von: Zimmerer, Carl

42. KOWALCZYK, ZYGMUNT: Podstawowe trudności makro – ekonomicznego rachunku gospodarski kapitalistycznej
(Die Hauptschwierigkeiten der makro-ökonomischen Rechnung in der Kapitalistischen Wirtschaft)
Ruch praw. ekon. socjol., Warszawa–Poznań 25 (1963) 3, S. 133–143

43. LAMFALUSSY, A.: The United Kingdom and the six: an essay on economic growth in Western Europe
(Großbritannien und die Sechs. Eine Abhandlung über das ökonomische Wachstum in Westeuropa)
London–New York: Mac Millan 1963. 147 S.

44. Lewis, W. A.: La theorie de la croissance économique
(Die Theorie des Wirtschaftswachstums)
Paris: Payot 1963. 453 S.
Ref.: Rev. Econ. polit., Paris **74** (1963) 6, S. 1029—1030
von: Guitton, Henri
45. Lewis, John P.: Quiet Crisis in India
(Die stille Krise in Indien)
Washington: Brookings Inst. 1962. XIII, 350 S.
46. Linhardt, H.: Kritik der Währungs- und Bankpolitik
Köln: Westdeutscher Verlag 1963. 251 S.
47. Ljubimova, V.: Nastuplenie monopolij na rabočij klass v stranach „obščego rynka"
(Angriff der Monopole auf die Arbeiterklasse in den Ländern des „Gemeinsamen Marktes")
Socialist. Trud, Moskva **8** (1963) 12, S. 36—44
48. Lopatin, G.: Valjutnye problemy obščego rynka
(Währungsprobleme der EWG)
Mir. Ekon. i meždunar. Otnoš., Moskva (1963) 9, S. 72—80
49. Ludwig, Elise: Die soziale Lage der werktätigen Bäuerinnen in Westdeutschland (Dissertationsthesen)
Leipzig: Karl-Marx-Univ. 1964. 14 S.
50. Lutz, Friedrich A.: Das konjunkturpolitische Instrumentarium der Schweiz
Schweiz. Z. Volkswirtsch. u. Statist., Bern **99** (1963) 3, S. 277—290
51. Lutz, Friedrich August: The problem of international economic equilibrium
(Das Problem des internationalen ökonomischen Gleichgewichts)
Amsterdam: North-Holland Publ. Co. 1962. 75 S.
(Prof. Dr. de Vries Lectures)
52. Mann, Fritz Karl: Die konjunktur- u. finanzpolitische Lage der Vereinigten Staaten von Amerika
Berlin: Drucker & Humboldt 1963. 39 S.
(Sonderschrift d. IFO-Inst. f. Wirtschafts-Forsch., 33)
Ref.: Volkswirt, Frankf./Main 17 (1963) 44, S. 2497—2498
von: Hiß, Dieter
53. Meńsikov, S.: Rost neravnomernosti razvitija kapitalističeskich stran
(Wachsende Ungleichmäßigkeit in der Entwicklung der kapitalistischen Länder)
Mir. Ekon. meždunar. Otnoš., Moskva (1963) 11, S. 14—27, 2 Tab.
54. Mertens de Wilmars, Jacques: Währungsperspektiven des gemeinsamen Marktes
Weltwirtsch. Arch., Hamburg **80** (1963) 2, S. 350—378
55. Meyer, Holger: Die Bewegung der chronischen Massenarbeitslosigkeit in den kapitalistischen Ländern nach dem 2. Weltkrieg als Ergebnis der verstärkt ungleichmäßigen Entwicklung des gegenwärtigen Kapitalismus (Diss.-Thesen)
Dresden: Techn. Univ. 1963. 13 S., 1 Tab.
56. Michalkin, Wladimir: Zur ökonomischen Lage der kleineren und mittleren Betriebe Westdeutschlands unter den Bedingungen des staatsmonopolistischen Kapitalismus (Diss.-Thesen)
Berlin: Hochsch. f. Ökon. 1963. 7 S.
57. Milejkovskij, A.: Mežimperialističeskie protivorečija segodnja: Puti i obsobennosti razvitija
(Die imperialistischen Gegensätze heute: Wege und Besonderheiten der Entwicklung)
Mir. Ekon. meždunar. Otnoš., Moskva (1963) 12, S. 16—29, 5 Tab.
58. Müller, Gerhard: Der Widerspruch zwischen den Monopolen und der Bauernschaft in den EWG-Ländern
Wirtschaftswissenschaft, Berlin **11** (1963) 11, S. 1781—1792

59. MÜLLER, GERHARD: Der Widerspruch zwischen Produktion und Markt in der Landwirtschaft der EWG-Länder
Konjunktur u. Krise, Berlin 7 (1963) 3, S. 132–156
60. NASIŁOWSKI, MIECZYSTAW: Udziat płac w dochodzie narodowym USA in Anglii (Der Anteil der Löhne am Nationaleinkommen der USA und Englands)
Warszawa: Państwowe wyd. Naukowe 1962. 233 S.
61. NÖLLING, WILHELM: Arbeitslosigkeit und Wirtschaftswachstum in den USA
Wirtschaftsdienst, Hamburg 43 (1963) 6, S. 253–260, 2 Tab.
62. OBEŹJANIN, G. G.; VARZIN, N. P.: Gosudarstvenno – monopolističeskij kapitalizm i ego razvitie v epochu obščego krizisa kapitalizma
(Der staatsmonopolistische Kapitalismus und seine Entwicklung in der Epoche der Krise des Kapitalismus)
Moskva: Vysš. škola 1964. 44 S.
63. OLEJNIKOW, L. T.: Paloženie rabočego klassa i nacionalizacija v kapitalističeskich stranach
(Die Lage derArbeiterklasse und die Nationalisierung in den kapitalistischen Ländern)
Moskva: Vysš. škola 1964. 70 S.
64. OZGA, S. A.: A model of unstable equilibrium
(Modell eines labilen Gleichgewichts)
The Econ. Journal, London (1960) 290, S. 233–240
65. PAULSEN, ANDREAS: Unternehmer und Unternehmerleistungen in Entwicklungsländern
Jb. f. Nat.-Ökon. u. Statist., Stuttgart 175 (1963) 5, S. 385–411
66. PAVLAT, VLADISLAV: Strukturnye sdvigi v ėkonomičeskich svjazjach stran EÉS
(Strukturveränderungen in den ökonomischen Beziehungen der Länder der EWG)
Mir. Ekon. meždunar. Otnoš., Moskva (1963) 2, S. 88–96, 7 Tab., 2 graph. Darst.
67. PAWELZIG, KLAUS: Zur gegenwärtigen Lage der Wirtschaft und der Werktätigen in Schweden
Wirtschaftswissenschaft, Berlin 11 (1963) 9, S. 1488–1504, 12 Tab.
68. PEIKERT, HELMUT: Frankreichs Wirtschaft heute. Struktur und Tendenzen. 2. überarb. u. wesentl. erw. Aufl.
Mainz: Krausskopf 1963 XIX. 272 S.
69. PREDÖHL, ANDREAS: Wirtschaftsblöcke im Welthandel
Volkswirt, Frankf./Main 17 (1963) 51/52, S. 60–63
70. PRITZKOLEIT, KURT: Männer, Mächte, Monopole (Hinter den Türen der westdeutschen Wirtschaft)
(erw. u. überarb. Neuausg.)
Düsseldorf: Rauch 1963. 687 S.
71. REGAN, W. J.: Economic growth and services (USA)
(Wirtschaftswachstum und Dienstleistungen (USA)
J. business., Chicago (1963) 2, S. 200–209
Ref.: Econ. Abstracts, The Hague 11 (1963) 7, S. 281
72. REHHAHN, HANS: Automation – die Herausforderung unserer Zeit
Gewerkschaftl. Mh., Köln 15 (1964) 2,S. 88–91
73. RIEDEL, H.: Die Europäische Atomgemeinschaft – ein Ausdruck der aggressiven Ziele und Widersprüche im Imperialismus (Dissertationsthesen)
Halle: Martin-Luther-Univ. 1963. 15 S.
74. RÖPKE, WILHELM: Die Nationalökonomie des „New Frontier"
Ordo, München 14 (1963), S. 79–107
75. SAGOROFF, S.: Theorie der volkswirtschaftlichen Energiebilanzen
Würzburg: Physica 1961. 220 S.
(Schriftenreihe d. statist. Instituts d. Univ. Wien, N. F. 2)

Ref.: Vjh. Wirtsch.-Forsch., Berlin (1963) 3, S. 321–322
von: Liebrucks, Manfred

76. Saxton, Alain: Le marché du traival, le recrutement du personel en période de plein emploi
(Der Arbeitsmarkt, die Zusammensetzung des Personals in der Periode der Vollbeschäftigung)
Paris: Editions de l' entreprise moderne 1963. 167 S.

77. Schilling, H.: Die Verschärfung des Konzentrations- und Ruinierungsprozesses in der westdeutschen Landwirtschaft nach dem Eintritt in die 2. Stufe der EWG führt zu wachsendem Widerstand der westdeutschen Bauern
Z. Agrarökon., Berlin **6** (1963) 3, S. 92–96

78. Šnejdárek, Antonin: Některé charakteristiky ekonomického vývoje Západniho Německa po roce 1945
(Einige Charakteristika der wirtschaftlichen Entwicklung Westdeutschlands nach 1945)
In: K ekonom. otázkam součansných mezinár. vztahů, Praha **3** (1958), S. 67–98, 1 Beil.

79. Soljus, G. P.: Razvitie gosudarstvenno – monopolističeskogo kapitalizma o uslovijach obščego krizisa kapitalizma
(Die Entwicklung des staatsmonopolistischen Kapitalismus in der Periode der allgemeinen Krise des Kapitalismus)
Moskva: Vysšaja škola 1963. 78 S.

80. Solo, R. A.: Automation; technique, mystique, critique
(Automation: Technik, Mystik, Kritik)
J. of business, Chicago (1963) 2, S. 166–178
Ref.: Econ. Abstr., The Hague **11** (1964) 7, S. 284–285

81. Spil'ko, G.: Dinamika i struktura osnovnogo kapitala v ėkonomiki SŠA
(Dynamik und Struktur des fixen Kapitals in den USA)
Mir. Ekon. i meždunar. Otnoš., Moskva (1963) 9, S. 115–125, 9 Tab.

82. Spindler, Joachim v.: Das wirtschaftliche Wachstum der Entwicklungsländer. Eine Einführung
Stuttgart: Kohlhammer 1963. 304 S.

83. Sul'dzenko, M. V.: „Integracija" i obostrenie protivorečij imperializma
(Die „Integration" und die Verschärfung der Widersprüche des Imperialismus)
Novosibirsk: o. V. 1963. 27 S.

84. Švec, Karel: Zapadoevropská integrace v období narůstání hospodárská krize
(Die westeuropäische Integration in der Periode des Wachsens der Wirtschaftskrise)
In: K ekonom. otázkm současných mezínár. vztahu, Praha **1** (1958), S. 45–57, 1 Tab.

85. Tacke, Michael: Der Einfluß der Bevölkerungsvermehrung auf die Konsumnachfrage
Z. f. gesamte Staatswissenschaft, Tübingen **119** (1963) 3, S. 476–495, 1 Tab., 3 graph. Darst., 16 Lit.

86. Trachtenberg, I. A.: Denežnye krizisy (1821–1938 gg.)
(Geldkrisen (1821–1938))
Moskva: Izd.- vo AN SSSR 1963. 730 S.

87. Varga, E. S.: Sovremennyj kapitalizm i ėkonomičeskie krizisy (izbrannyc trudy)
(Der moderne Kapitalismus und die Wirtschaftskrisen) (ausgew. Arbeiten)
Moskva: Izd.-vo AN SSSR 1963. 505 S.

88. Walter, Helmut: Technischer Fortschritt und Faktorsubstitution
Jb. Nat.-Ökon. u. Statist., Stuttgart **175** (1963) 2, S. 97–114

89. WEINSTOCK, ULRICH: Gibt es lange Konjunkturwellen?
Ifo-Stud., Berlin–München **8** (1962) 1/2, S. 61–83, 40 Lit.

90. WIDMANN, M.; RENNER, K.: Das moderne Bauernlegen und das Bildungsprivileg an den landwirtschaftlichen Fachschulen in Westdeutschland
Dt. Landwirtsch., Berlin **14** (1963) 5, S. 211–212

91. WINTER, CARL: The shorter workweek in auto
(Die kürzere Arbeitswoche in der Automobilindustrie)
Polit. Aff., New York **42** (1963) 10, S. 42–49

92. WINTERSTEIN, HELMUT: Der Investivlohn in der Bundesrepublik Deutschland, eine wirtschafts- und sozialpolitische Untersuchung
Berlin: Duncker & Humblot 1961. 134 S.
(Nürnberger Abhandl. z. d. Wirtschafts- und Sozialwiss., 16)
Ref.: Finanzarch., Tübingen **22** (1963) 3, S. 557–558
von: Nell-Breuning, O. v.

93. WOOTTON, B.: Is there a welfare state? A review of recent social change in Britain
(Gibt es einen Wohlfahrtsstaat? Ein Rückblick auf neue soziale Veränderungen in Großbritannien)
Polit. sience quart., New York (1963) 2, S. 179–197
Ref.: Econ. Abstr., The Hague **11** (1963) 7, S. 281–282

94. ZAWADZKI, JÓSEF: Kapitalismus po druhé světové válce
(Der Kapitalismus nach dem zweiten Weltkrieg)
Polit. Ekon., Praha **11** (1963) 8, S. 654–666, 7 Tab.

95. ZEITEL, GERHARD; PAHLKE, JÜRGEN: Konjunkturelle Stabilität als wirtschaftspolitische Aufgabe
Tübingen: Mohr (Siebeck) 1962. 170 S.
Ref.: Finanzarchiv, Tübingen **22** (1963) 3, S. 525–526
von: Häuser, Karl

96. Bericht über die Arbeitsmarktlage in der Gemeinschaft im Jahre 1963
Brüssel: Europ. Wirtsch.-Gemeinsch. Komm. 1963. II, 128 S.

97. Die Bonner Agrarpolitik am Scheideweg
DWI-Ber., Berlin **14** (1963)/18, S. 1–2

98. Die 200 größten Industriegesellschaften im kapitalistischen Teil der Welt
DWI-Ber., Berlin **14** (1963) 20, S. 10–15, 4 Tab.

99. Economic trends in the capitalist world
(Ökonomische Tendenzen in der kapitalistischen Welt)
Marxism today, London **7** (1963) 5, S. 133–138, 2 Tab.

100. Evolution recente de la situation économique en Europe occidentale
(Die jüngste Entwicklung der Wirtschaftslage in Westeuropa)
Rev. Nation. Unies, Paris **12** (1963) 4, S. 40–45

101. Die Expansionskraft der IG-Farben
DWI-Ber., Berlin **14** (1963) 17, S. 13–15, 3 Tab.

102. Fragen der Einheit der Arbeiterklasse in den Ländern des entwickelten Kapitalismus
Probl. Friedens u. d. Sozialismus, Berlin **7** (1964) 1, S. 58–64

103. Kolonialismus und Neokolonialismus
Berlin: Akademie-Verl. 1964, 455 S.
Hrsg. v. W. Markov

104. Konjunktur der Gegensätze
Volkswirt, Frankf./Main **17** (1963) 51/52, S. 15–28, 7 Tab., 11 graph. Darst.

105. La part du revenu national consacrée aux investissements
(Der zu Investitionszwecken bestimmte Teil des Nationaleinkommens)
Rev. Nat. Unis, Paris **12** (1962) 12, S. 97–103

106. „Obščij rynok" — orudie monopolij
(Der „Gemeinsame Markt" als ein Werkzeug der Monopole)
Moskva: Izd. IMO 1963. 387 S.
107. Przemíany w strukturze klasy robotniczej w krajach kapitalistycznych
(Veränderungen in der Struktur der Arbeiterklasse in den kapitalistischen Ländern)
Warszawa: Książka i Wiedza 1963. 417 S.
108. Rapport sur l'évolution de la République Federale d'Allemagne
(Bericht zur Entwicklung der Deutschen Bundesrepublik)
La documentation française; notes et études documentaires, Paris (1963) 3001 v. 21. Juni, S. 3—16
109. Real'naja zarabotnaja plata v period obščego krizisa
(Der Reallohn in der Periode der allgemeinen Krise des Kapitalismus)
Moskva: Socėkgiz 1962. 558 S.
110. Report on the „Soaring Sixties"
(Bericht über den „Boom der Sechziger")
US News & World Rep., Washington 55 (1963) 20, S. 42—45, 6 Tab.
111. Stahlindustrie vor neuen Aufgaben
Volkswirt, Franf./Main 17 (1963) 45, Beiheft 6—8
112. Teorie wzrostu ekonomicznego a współczesny kapitalizm
(Die Theorie des wirtschaftlichen Wachstums und der moderne Kapitalismus) (Sammelband)
Red.: Zawadzko, J.; Zukaszewicz, A.
Warszawa: o. V. 1962. 610 S.
113. Überfluß und Hunger im Herrschaftsbereich des Kapitalismus
DWI-Ber., Berlin 14 (1963) 21, S. 1—16, 15 Tab., 2 graph. Darst.
114. Voprosy vosproizvodstva v uslovijach gosudarstvenno — monopolističeskogo kapitalizma SŠA
(Fragen der Reproduktion unter den Bedingungen des staatsmonopolistischen Kapitalismus in den USA)
Red.: Ivanov, S. I., Leningrad: o. V. 1963, 142 S.
115. Wirkungen der technischen Entwicklung auf die Arbeitslage der westdeutschen Industriearbeiter
DWI-Ber., Berlin 14 (1963) 18, S. 6—10, 3 Tab.
116. Zur konjunkturellen Lage auf dem kapitalistischen Weltmarkt für Maschinen an der Jahreswende 1963/64
Wochenberichte, Berlin (1964) 6, S. 3—70
117. Zur konjunkturellen Lage der kapitalistischen Wirtschaft an der Jahreswende 1963/64
Länderberichte, Berlin (1964) 3, S. 3—29, 3 Tab., 1 graph. Darst.
118. Zur konjunkturellen Lage auf den kapitalistischen Märkten für Rohstoffe der Schwerindustrie im zweiten Halbjahr 1963
Wochenberichte, Berlin (1964) 2, S. 3—36, 16 Tab.
119. Zur Wirtschaftslage Westeuropas
Marktinform. Ind. u. Außenhand., Berlin 7 (1963) 51, S. 1

Berichtigung

In Heft 3/1964 der Zeitschrift "Konjunktur" und Krise" handelt es sich nicht – wie auf Seite 140, im 2. Absatz, irrtümlich angegeben – um die Welthandelskonferenz des GATT, sondern um die Welthandelskonferenz der UNO.

SUMMARY

SOMMAIRE

СОДЕРЖАНИЕ

FSC
www.fsc.org
MIX
Papier | Fördert
gute Waldnutzung
FSC® C083411

Kolibri 360 GmbH
Ferdinand-Jühlke-Straße 7
99095 Erfurt, Deutschland
produktsicherheit@kolibri360.de